일상생활 속 숨어 있는
물리 현상 이야기

일상생활 속 숨어 있는 물리 현상 이야기

하루 물리

초판 1쇄 발행 2023년 2월 28일

글쓴이 김성호
그린이 박우희

편집장 천미진 | **편집책임** 최지우 | **편집** 김현희
디자인책임 최윤정 | **마케팅** 한소정 | **경영지원** 한지영

펴낸이 한혁수 | **펴낸곳** 도서출판 다림 | **등록** 1997. 8. 1. 제1-2209호
주소 07228 서울시 영등포구 영신로 220 KnK 디지털타워 1102호
전화 02-538-2913 | **팩스** 070-4275-1693 | **전자 우편** darimbooks@hanmail.net
블로그 blog.naver.com/darimbooks | **다림 카페** cafe.naver.com/darimbooks

ISBN 978-89-6177-305-8 73420

ⓒ 2023 김성호, 박우희

이 책 내용의 일부 또는 전부를 사용하려면 반드시 저작권자와 도서출판 다림의 서면 동의를 받아야 합니다.
책값은 뒤표지에 있습니다.

제품명: 하루 물리	제조자명: 도서출판 다림	제조국명: 대한민국	⚠ 주 의
전화번호: 02-538-2913	주소: 서울시 영등포구 영신로 220 KnK 디지털타워 1102호		아이들이 모서리에 다치지
제조년월: 2023년 2월 28일	사용연령: 10세 이상		않게 주의하세요.
※ KC마크는 이 제품이 공통안전기준에 적합하였음을 의미합니다.			

일상생활 속 숨어 있는
물리 현상 이야기

하루 물리

김성호 글 박우희 그림

다림

작가의 말

신대륙(지금의 아메리카 대륙)을 발견했던 콜럼버스는 1503년, 자메이카에 머물렀어요. 자메이카 원주민들은 처음에는 콜럼버스 일행에게 친절하게 대했어요. 음식도 주고 잠자리도 마련해 주었어요. 그런데 원주민들과 콜럼버스 일행 사이에 다툼이 자꾸 일어났어요. 화가 난 원주민들은 낯선 땅에서 온 백인들에게 식량 지원을 끊어 버렸어요. 굶어 죽을 위기에 처한 콜럼버스는 원주민들을 불렀어요. 그리고 말했어요.

"우리는 신의 명령으로 온 사람들이다. 그런데 너희들이 우리를 이렇게 푸대접하니 신이 노하셔서 큰 벌을 내릴 것이다. 오늘 밤, 달은 피의 색으로 물들 것이다."

원주민들은 아무도 그 말을 믿지 않았어요. 그날 밤, 밤하늘에는 콜럼버스 말대로 불그레한 색의 달이 떠올랐어요. 잠시 후 달은 하늘에서 완전히 사라졌어요. 공포에 질린 원주민들은 납작 엎드려 잘못을 빌었어요. 그리고 앞다투어 식량을 가져왔어요.

하늘에서 사라진 달, 그것은 월식 현상이었어요. 월식은 달이 지구의 그림자 속으로 들어가 달의 일부 혹은 전부가 안 보이는 현상을 말해요. 천문학을 공부한 콜럼버스는 그날 밤 월식이 일어날 것을 예상했어요. 하지만 과학 지식이 없었던 원주민들은 월식을 신의 저주라고만 믿었던 거예요.

천문학은 우주에서 일어나는 다양한 현상을 물리학적으로 연구하는 과학이에요. 물리학은 자연에서 일어나는 현상을 연구하고, 그 속에 숨은 법칙을 밝히는 과학이에요.

물리학은 다루는 범위가 굉장히 넓어요. 비가 오고 눈이 내리고, 바람이 불고, 태양과 달이 뜨고 지는 것과 같은 자연 현상은 물론, 현대 문명의 산물이라는 반도체, 전자 제품, 자동차 그리고 각종 다양한 도구들이 움직이는 원리에도 물리학 법칙이 작동하고 있어요. 그래서 물리학을 과학의 왕(king of science)이라고도 불러요.

물리학은 어렵잖아! 이렇게 생각하는 사람들이 많아요. 저도 학생 시절에 물리학으로 꽤 고생한 기억들이 있어요. 돌이켜 보면, 저는 물리학을 이론으로만 받아들였던 것 같아요. 수업 시간에 배운 물리학을 실생활에서 응용하는 방법을 몰랐던 거예요.

하지만 물리학은 우리와 아주 가까운 곳에서 숨 쉬고 있어요. 아침에 일어나서 다시 잠들 때까지 우리가 만나고 경험하는 다양한 현상들은 예외 없이 물리학 법칙의 지배를 받고 있어요. 이 책은 평범한 초등학생인 재형이가 일요일 하루 동안에 겪는 다양한 물리 현상을 다루고 있어요. 이 책을 읽으면 변기의 물이 내려가는 원리, 달리던 버스가 급하게 멈출 때 우리 몸이 앞으로 쏠리는 현상, 사람의 체온을 감지하는 열화상 카메라, 번쩍번쩍 불이 들어오는 인라인스케이트 바퀴 등 평소에 우리가 무심코 지나쳐 버리기 쉬운 현상에 물리학 법칙이 빠짐없이 작동하고 있다는 것을 알게 될 거예요. 재미있게 읽어 주시면 감사하겠습니다.

끝으로 이 책이 나올 수 있도록 도움을 주신 도서출판 다림 관계자분들께 감사하다는 말씀을 드립니다.

2022년 늦은 봄, 원주에서
김성호

차례

1장 변기 물 미스터리

- 12 변기 물 높이는 왜 항상 일정할까?
- 13 쭉쭉 빨아들이는 사이펀 현상
- 16 **그것도 알고 싶다** 비행기는 어떻게 뜰 수 있을까?
- 18 **생활 속 물리 실험** 공중 부양 탁구공

2장 심부름 다녀오겠습니다!

- 22 오르락내리락 엘리베이터
- 24 무게를 반으로, 움직도르래
- 25 **그것도 알고 싶다** 200년 전에도 도르래를 사용했다고?
- 27 나보다 가벼운 사람과 시소를 타는 방법
- 29 지레의 원리를 이용한 도구들
- 31 **그것도 알고 싶다** 지구를 들어 올릴 수 있다고?
- 32 **생활 속 물리 실험** 병뚜껑 투석기

버스가 끼익, 내 몸이 휘청!

3장

- 36 버스가 달리면 사람도 달린다?
- 39 브레이크를 미리 밟는 이유
- 41 **그것도 알고 싶다** 우주에서 공을 던지면?
- 42 **생활 속 물리 실험** 탁구공 옮기기

도서관의 빛 빛 빛!

4장

- 46 사람 몸에서도 빛이 난다!
- 48 빛의 종류에는 어떤 것들이 있을까?
- 50 **그것도 알고 싶다** 사과는 왜 빨간색일까?
- 52 **생활 속 물리 실험** 하늘이 파란 이유

차례

달려 달려! 인라인스케이트

5장

- 56   인라인스케이트 바퀴에 불이 들어오는 원리
- 58   무거운 쇳덩어리도 번쩍 들어 올리는 전자석
- 59   우리는 닮은꼴, 자석과 전기
- 60   전자기파의 여러 이름
- 62   **그것도 알고 싶다** 휴대폰 무선 충전의 원리
- 64   **생활 속 물리 실험** 나뭇잎 나침반

수영장에 풍덩!

6장

- 68   우리가 잘못 알고 있는 무게
- 70   중력이란 무엇일까?
- 72   부력이란 무엇일까?
- 75   잠수함은 어떻게 물속에 가라앉을까?
- 76   **그것도 알고 싶다** 심해어의 놀라운 생존 비결
- 78   **생활 속 물리 실험** 귤껍질 구명조끼

즐거운 저녁 식사

7장

- 82 쇠 그릇은 왜 사기그릇보다 뜨거울까?
- 84 미지근한 주스를 시원하게 만드는 얼음의 마법
- 87 **그것도 알고 싶다** 이글루는 왜 따뜻할까?
- 88 **생활 속 물리 실험** 간이 온도계

또! 또! 또! 층간 소음

8장

- 92 층간 소음은 왜 발생할까?
- 95 여자는 왜 남자보다 고음을 잘 낼까?
- 98 개는 왜 사람보다 귀가 밝을까?
- 101 **그것도 알고 싶다** 사이렌 소리가 갑자기 높은음으로 들리는 이유
- 102 **생활 속 물리 실험** 종이컵 전화기

1장

변기 물 미스터리

기압과 수압

변기 물 높이는 왜 항상 일정할까?

아침 해가 밝았어요. 재형이는 일어나자마자 화장실로 달려갔어요.

"으으, 시원하다."

시원하게 오줌을 누던 재형이는 문득 궁금했어요. 수세식 변기에는 항상 적당한 양의 물이 고여 있어요. 일을 보고 물을 내려도 마지막에는 항상 그만큼의 물이 다시 차올라요. 이유가 뭘까요?

변기에 물 한 컵을 부어도 물 높이에는 변화가 없어요. 하지만 양동이에 가득 채운 물을 쏟아붓거나, 변기 스위치를 내리면 고여 있던 물은 크르릉~ 트림하는 소리를 내며 순식간에 빠져나가요. 이상한 일이에요. 적은 양의 물을 부으면 변기 물 높이는 그대로인데, 왜 많은 물을 부으면 고인 물이 빠져나갈까요? 그 해답을 알려면 기압이 무엇인지 이해할 필요가 있어요. 기압이란 태권도 할 때 얍! 얍! 하는 그 기합이 아니라 공기가 짓누르는 힘을 말해요.

'에이, 가벼운 공기가 무슨 힘이 있다고 그래요?' 이렇게 생각하는 친구들도 있겠죠? 그런데 우리 어깨 위에 다 큰 고릴라 100마리 정도가 올라타고 있다면 여러분은 믿을 수 있겠어요? 거짓말 같겠지만 그게 공기가 누르는 힘이에요. 우리가 일상생활에서 느끼는 공기의 압력이 1기압이에요. 1기압이 1㎡(가로 1m × 세로 1m)의 면적에 가하는 힘은 자그마치 약 10t이에요.

그렇다면 우리는 왜 그 압도적인 힘을 못 느낄까요? 그것은 공기가 누르는 것과 같은 크기의 힘으로 사람의 몸 안에서도 밖을 향해 밀어내고 있기 때문이에요. 두 사람이 손바닥을 마주 대고 서로 밀어내는 것과 같아요. 두 힘이 팽팽하게 균형을 이루고 있는 거예요.

여기서 중요한 한 가지, 압력은 높은 곳에서 낮은 곳으로 이동하는 성질을 갖고 있어요. 일기 예보를 보면 고기압이 어쩌고 저기압이 어쩌고 하잖아요? 고기압에서 저기압으로 공기가 이동하는데, 이것이 바람이에요.

물도 공기와 비슷해요. 공기에 기압이 있다면, 물에는 수압이라는 압력이 있어요. 수압은 수심이 깊을수록 강해요. 수심이 깊다는 것은 누르고 있는 물의 양이 그만큼 많다는 뜻이니까요. 그래서 깊은 바다에 잠수해서 작업하는 잠수부들은 수압이라는 무시무시한 적과 싸워야 해요. 수심 10m에서는 단단한 농구공도 찌그러질 만큼 수압이 세거든요.

그래서 잠수부들은 잠수 후 반드시 압력을 빼 주는 감압실이라는 공간에서 휴식을 취해야 해요. 감압실의 압력은 바다와 비슷하게 맞춰져 있어요. 잠수부가 감압실 안에 들어가면 높아진 압력을 천천히 낮추면서 육지의 압력에 적응할 수 있게 도와줘요.

쭉쭉 빨아들이는 사이펀 현상

자, 이제 그럼 변기 물이 어떻게 내려가는지 알아볼까요? 여기, 2개의 그릇이 있어요. 그릇을 손으로 기울이지 않고 한쪽에 담긴 물을 다른 그릇에 옮길 수 있을까요? '마술도 아니고 그런 일이 어떻게 가능해?'라고 생각할 수 있겠지만 가능해요. 압력의 원리를 이용한다면 말이에요.

먼저 그릇의 높이를 다르게 해요. 물이 담긴 그릇을 높은 곳에, 빈 그릇을 낮은 곳에 놓아요. 그런 다음 빨대를 구부려 둘을 연결해요. 어라? 물은 이동하지 않네요. 뭔가 잘못되었군요. 좋아요! 이번에는 입으로 빨대를 살짝 빨아들여 빨대 안을 물로 채워 보겠습니다.

짜잔! 신기하게도 그릇에 담긴 물이 빨대를 통해 이동했어요. 첫 실험에

서 물이 이동하지 않은 이유는 빨대에 공기가 들어 있기 때문이에요. 공기가 있으면 누르는 힘인 기압이 작용한다고 했잖아요? 기압이 똑같은 힘으로 누르고 있으니 그릇의 물은 이동하지 않았던 거예요.

그런데 빨대를 물로 채우면 그릇을 누르는 기압은 그대로인데, 물이 든 빨대의 기압은 낮아지겠죠? 물론, 물로 채워진 빨대에는 기압 대신 수압이 누르고 있긴 해요. 그런데 기압과 수압이 동등한 힘을 가지려면 물 깊이가 8m는 되어야 해요. 하지만 이 빨대는 그렇게 길지 않아요. 그래서 그릇을 누르는 기압이 빨대의 수압보다 더 강해요. 팽팽했던 기압 간 균형이 깨진 거예요.

이제 그릇에 담긴 물은 기압의 힘에 짓눌려 빨대 속으로 빨려 들어가요. 그리고 빨대의 가장 높은 곳까지 올라갔다가 중력에 의해 밑으로 떨어져요. 이런 과정을 통해 왼쪽 그릇에 담긴 물이 오른쪽 그릇으로 이동한 거랍니다. 이것을 사이펀 현상이라 불러요. 사이펀(siphon)은 '빨아들인다'는 뜻이에요.

변기도 사이펀 현상을 이용하고 있어요. 변기 내부를 뜯어 보면 변기 아래쪽에 언덕처럼 위로 볼록한 관이 있어요. 이 관을 사이펀이라 불러요. 어때요? 사이펀이 실험에 사용된 구부러진 빨대와 꼭 닮지 않았나요?

평소에 사이펀 내부는 공기가 들어 있어요. 변기에 물을 조금 부으면 어떻게 될까요? 새롭게 보충된 양만큼의 물이 사이펀의 가장 높은 꼭대기까지 밀려 올라갔다가 떨어질 거예요. 그래서 적은 양의 물을 넣었을 때는 변기의 물 높이가 항상 일정한 거예요.

하지만, 한꺼번에 많은 물이 변기에 쏟아지면 이야기는 완전히 달라져요. 우리가 일을 보고 변기의 물을 내리면 물탱크에 담긴 물이 쏟아져요. 그럼 공기가 차 있던 사이펀도 완전히 물로 채워지겠지요.

앞의 실험에서 빨대에 물이 들어가면 기압의 차이로 그릇의 물을 빨아들이는 사이펀 현상이 발생했잖아요? 사이펀이 물로 채워지면 역시 같은 현상이 일어나요. 진공청소기처럼 변기 안에 고인 물을 쭈르륵~ 빨아들이는 거예요. 오물이 다 빠져나간 후엔 사이펀에 공기가 채워지면서 기압이 변기 물을 눌러요. 기압과 수압이 일정하게 작용하기 때문에 변기 물 높이도 일정한 거예요.

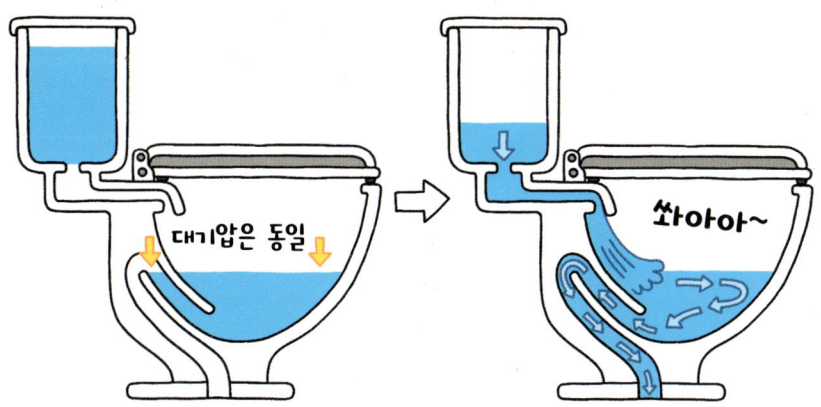

그것도 알고 싶다

비행기는 어떻게 뜰 수 있을까?

쇳덩어리로 만들어진 무거운 비행기는 어떻게 하늘을 훨훨 날 수 있을까요? 그 비밀은 압력이에요. 비행기 날개는 아래는 평평한데 위쪽은 거북이 등처럼 살짝 볼록한 모습을 하고 있어요. 비행기가 활주로에서 달리기 시작하면 공기가 날개에 휙! 휙! 부딪혀요. 자전거를 타면 바람이 앞에서 휙휙 불어오듯 말이에요.

날개 위쪽은 볼록해서 공기의 흐름이 급격하게 빨라져요. 반면 날개 아래쪽은 평평해서 공기의 흐름이 위쪽보다는 느려지고요. 왜 이런 속도 차이가 나는 걸까요?

예를 들어 볼까요? 편의점으로 가는 길이 2개가 있어요. 친구는 곧은 길로, 나는 구부러진 길로 가야 해요. 당연히 구부러진 길이 훨씬 멀어요. 친구와 내가 동시에 출발했을 때 동시에 도착하려면 나는 어떻게 해야 할까요? 방법은 하나뿐이에요. 빠르게 달리는 수밖에요.

이것을 공기의 입장에서 생각해 보세요. 공기는 같은 시간 안에 날개의 윗면과 아랫면을 통과하려고 해요. 구부러진 위쪽은 평평한 아래쪽보다 길이가 길어요. 더 먼 거리를 같은 시간에 통과하려면 빨리 지나가야만 해요. 그래서 날개 윗면을 지나가는 공기의 흐름이 아랫면보다 빨라지는 거랍니다.

18세기 스위스 과학자 베르누이는 공기와 같은 기체와 물과 같은 액체는 빨리 흐를수록 압력이 낮아진다는 것을 발견했어요. 이것을 베르누이 법칙이라고 불러요.

베르누이 법칙에 따르면 날개 아랫면에 작용하는 압력이 윗면보다 상대적으로 높아요. 그런데 압력은 항상 높은 곳에서 낮은 곳으로 이동해요. 따라서 압력이 높은 날개 아랫면이 위로 들리면서 비행기는 부웅~ 하고 뜨게 되는 거랍니다.

생활 속 물리 실험

공중 부양 탁구공

제자리에서 공중으로 부웅 떠올라 한동안 그 자세를 유지하는 것을 공중 부양이라고 해요. 그런데 우리가 사는 지구에는 밑으로 끌어당기는 중력이 작용하고 있어서 아무리 점프 실력이 뛰어난 농구 선수라고 해도 공중에 계속 머무를 순 없어요. 하지만 압력의 원리를 이용하면 공중 부양도 얼마든지 가능해요. 그게 무엇인지 실험으로 알아볼까요?

준비물 헤어드라이어, 탁구공

실험과정

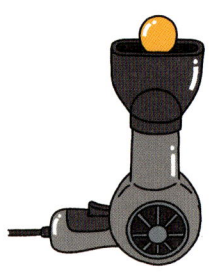

① 드라이어의 바람이 나오는 부분을 위쪽으로 한 상태에서 탁구공을 올려요.

② 찬 바람이 나오는 버튼을 눌러요. 바람이 나오면 탁구공은 공중 부양을 해요.
주의! 뜨거운 바람이 나오는 버튼을 누르면 화상을 입을 수 있으니 조심하세요.

③ 이번에는 바람이 나오는 입구의 반을 손으로 막아요. 그럼 바람이 사선으로 나오고 탁구공도 옆으로 조금 이동해요. 하지만 그 이상은 벗어나지 않아요.

신기한 실험 결과 알아보기

헤어드라이어에서 바람이 나오면, 공기의 흐름은 빨라져요. 공기의 흐름이 빨라지면 압력은 낮아지고, 압력은 높은 곳에서 낮은 곳으로 이동한다고 했잖아요? 그래서 주위의 높은 압력이 탁구공 쪽으로 이동해요. 이렇게 양쪽에서 탁구공을 밀어 주기 때문에 탁구공은 위로 뜨는 거예요.

드라이어 입구를 손으로 막으면, 바람도 대각선 방향으로 비스듬하게 나와서 탁구공도 비스듬하게 공중 부양을 해요. 하지만 주변의 높은 압력이 계속해서 가해지기 때문에 탁구공은 더 이상 자리를 벗어나지 못하는 거예요.

2장

심부름 다녀오겠습니다!

도르래와 지레

오르락내리락 엘리베이터

재형이가 시원하게 오줌을 누고 나오자, 엄마가 말했어요.

"아침 반찬으로 두부 부침을 만들려고 하는데, 마트에 가서 두부 좀 사 올래?"

재형이네 집은 11층이에요. 그래서 외출할 때는 항상 엘리베이터를 이용해요. 엘리베이터에 탄 재형이는 1층 버튼을 눌렀어요. 엘리베이터가 스르륵 내려갔어요. 문득 재형이는 신기하다는 생각이 들었어요. 엘리베이터는 어떤 원리로 오르락내리락하는 걸까요?

엘리베이터 꼭대기에는 커다란 바퀴가 달려 있어요. 이 바퀴를 도르래라고 불러요. 도르래란 홈이 팬 바퀴에 줄이나 쇠사슬을 걸어서 물체를 들어올리거나 잡아당기는 기구예요. 이렇게 바퀴가 고정된 도르래를 고정 도르래라고 불러요. 고정 도르래는 엘리베이터 말고도 국기 게양대나 창문에 다는 블라인드에서도 사용되어요. 그럼 엘리베이터가 어떤 방식으로 오르내리는지 알아볼까요?

1층에서 탄 사람이 10층 버튼을 눌렀어요. 엘리베이터 꼭대기에 있는 모터가 위잉~ 작동해요. 모터는 도르래에 걸린 로프를 감았다가 풀었다가 하는 역할을 해요. 모터가 로프를 칭칭 감으면 엘레베이터는 위로 올라가요. 이때, 엘레베이터 반대편에 매달려 있는 무게추는 밑으로 내려가요. 그러니까 무게추는 엘레베이터와 반대 방향으로 움직이는 거예요. 그렇다면 무게추는 왜 있을까요? 무게추는 엘리베이터의 무게를 분산시켜 주는 역할을 해요. 그럼 엘리베이터가 훨씬 부드럽게 움직일 수 있거든요.

이번에는 10층에서 탄 사람이 1층 버튼을 눌렀어요. 모터는 도르래에 칭칭 감긴 로프를 풀어요. 그럼 엘레베이터는 내려가고 무게추는 올라간답니다.

그런데 이런 고정 도르래에는 단점이 하나 있어요. 그것은 도르래를 사용한다고 해서 특별히 힘이 덜 드는 것은 아니라는 점이에요. 예를 들어, 쌀 포대를 손으로 들 때 사용하는 힘과 고정 도르래에 연결해서 들어 올릴 때 사용하는 힘은 같아요. 그렇다면 손으로 들면 되지 왜 굳이 귀찮게 도르래에 연결하는 걸까요?

우리가 손으로 쌀 포대를 들어 올릴 때는 손도 위로 올려야 해요. 그런데 도르래를 사용하면 힘을 반대로 쓰게 돼요. 줄을 밑으로 잡아당기니까요. 이것이 고정 도르래의 장점이에요. 사람은 신체 원리상 팔을 드는 것보다 내리는 것이 편하거든요. 힘의 크기는 그대로지만 힘의 방향을 바꿔 주는 역할을 한답니다.

무게를 반으로, 움직도르래

그렇다면 힘을 덜 들이고 물건을 들어 올리는 방법은 없을까요? 움직도르래를 사용하면 가능해요. 아파트를 짓는 공사장을 지나갈 때 팔 벌린 로봇처럼 생긴 거대한 기계를 본 적 있나요? 바로 타워 크레인이에요. 타워(tower)는 '탑'이란 뜻이고, 크레인(crane)은 '무거운 물건을 들어서 옮기는 기계'란 뜻이에요.

건물을 지을 때는 무거운 장비가 많이 필요해요. 땅바닥이라면 트럭이나 지게차에 장비를 실어 나르겠지만 아파트와 같은 고층 건물에는 트럭이나 지게차가 올라가지 못해요. 사람이 그 무거운 걸 짊어지고 올라가는 건 너무 힘들고 위험하고요. 그래서 고층 건물을 지을 때는 타워크레인을 많이 사용해요. 타워 크레인은 땅에 놓인 장비를 번쩍 들어 원하는 층에 옮겨 준답니다.

타워 크레인에는 고정 도르래와 움직도르래가 함께 설치되어 있어요. 고정 도르래는 이름처럼 딱! 고정이 되어 있는데, 움직도르래는 물체와 함께 위아래로 움직여요. 오른쪽 그림을 살펴볼까요?

활대 위쪽에 달린 고정도르래는 단단히 고정되어 있어 힘의 방향을 바꿔 주는 역할을 해요. 아래로 당기는 힘이 위로 들어올리는 힘으로 바뀌도록요. 그리고 아래쪽에 달린 움직도르래는 힘의 크기를 줄여 주는 역할을 해요. 줄을 2배 더 길게 당겨야 하지만, 써야 하는 힘은 반으로 줄어요. 움직도르래가 2개면 힘은 1/4로, 3개면 1/6로 줄어들어요. 그러니까 움직도르래가 많을수록 더 적은 힘으로 무거운 물체를 들어 올릴 수 있는 거예요.

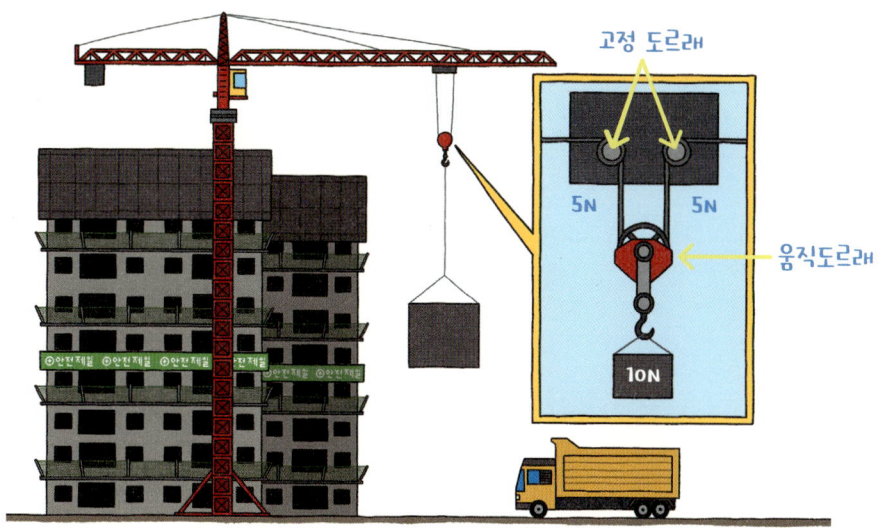

그것도 알고 싶다

200년 전에도 도르래를 사용했다고?

도르래의 원리는 200년 전에도 사용됐어요. 조선 시대 정약용이 거중기를 만들어 수원 화성을 지었거든요. 수원 화성은 세계 문화유산으로 등록된 자랑스러운 우리 민족의 건축물이에요. 수원 화성 건축은 엄청난 인력과 자원이 투입된 대규모 공사였어요. 이 성을 짓는데 미장공● 295명, 석수● 642명을 비롯해 기술자만 110,820명이 동원됐으며 석재 187,600개에 벽돌만 695,000장이 들었다고 해요. 당시 사람들은 이 성을 짓는 데 족히 10년은 걸릴 거라고 예상했어요. 그랬던 공사가 2년 9개월 만에 끝나자 모두 깜짝 놀랐어요. 그 비결은 거중기라는 신형 장비 덕

● **미장공** 천장이나 바닥에 흙과 석회 따위를 바르는 사람
● **석수** 돌을 다루어 물건을 만드는 사람

분이었어요.

　수원 화성 건축에는 모두 11대의 거중기가 사용되었다고 해요. 거중기는 도르래의 원리로 작동하는 중장비예요. 내부에 4개의 고정 도르래와 4개의 움직도르래가 달려 있었어요. 이렇게 고정 도르래와 움직도르래를 혼합해서 사용하는 도르래를 복합 도르래라고 해요.

　고정 도르래는 사람이 직접 들어 올리는 것과 같은 힘이 들지만, 힘의 방향을 바꿀 수 있어요. 움직도르래는 힘의 방향은 바꿀 수 없지만, 더 적은 힘으로 물체를 들어 올릴 수 있어요. 복합 도르래는 고정 도르래와 움직도르래의 장점을 모두 갖추고 있어요.

나보다 가벼운 사람과 시소를 타는 방법

아침을 먹은 재형이는 놀이터에 갔어요.

"재형이 형!"

"안녕, 연우야."

친구 연호의 동생 연우를 만났어요.

"형, 나랑 시소 탈래?"

"그래."

둘은 마주 보고 시소에 앉았어요. 그러자 연우의 몸이 부웅~ 하고 떠올랐어요. 연우의 몸무게가 재형이에 비해 너무 가벼웠거든요. 이렇게 몸무게 차이가 크면 시소를 제대로 즐길 수 없어요. 하지만 이럴 때도 방법은 있어요.

"연우야, 뒤로 조금만 옮겨 앉아 봐."

"이렇게?"

연우는 재형이가 시키는 대로 원래 앉은 자리에서 좀 더 뒤쪽에 앉았어요. 그러자 아까보다 연우의 몸이 덜 떠올랐어요.

"연우야, 좀 더 뒤로 앉아."

연우는 아까보다 더 뒤로 물러나 앉았어요. 그러자 연우의 몸이 아까보다 낮게 떠올랐어요. 이런 시소에는 흥미로운 물리 방정식이 숨어 있어요.

$$\frac{\text{내 몸무게} \times \text{시소 균형점에서 내가 앉은 곳까지 거리}}{\text{친구 몸무게} \times \text{시소 균형점에서 친구가 앉은 곳까지 거리}}$$

대체 무슨 말인지 전혀 모르겠다고요? 예를 들어 볼까요? 재형이의 몸무게는 40kg이고, 연우는 그 절반인 20kg이라고 가정해 볼게요. 그리고 연우와 재형이는 똑같이 시소 균형점으로부터 1m 떨어진 곳에 앉았어요. 이때, 재형이 몸무게(40) × 거리(1) = 40이 되어요.

이번에는 연우 차례예요. 연우 몸무게(20) × 거리(1) = 20이에요. 재형이의 절반이에요. 이렇게 곱한 값이 작은 연우가 위로 올라가고, 재형이는 내려가요. 그럼 연우와 재형이가 균형을 맞추려면 어떻게 해야 할까요? 둘 다 곱한 값이 40이 되면 되어요. 몸무게를 갑자기 2배로 늘릴 수 없지만, 길이는 2배로 늘릴 수 있어요. 연우가 원래 앉았던 자리에서 1m 더 뒤에 앉으면 돼요. 그럼 균형점으로부터의 거리는 2m가 되겠죠? 여기에 연우의 무게 20을 곱하면 재형이와 같은 40이 되어서 균형을 이룬답니다.

이렇게 거리를 조절해서 균형을 맞추는 시소에는 지레의 원리가 들어 있어요. 지레가 뭘까요? 지레는 긴 막대기를 이용해 적은 힘으로 무거운 물건을 들어 올리는 도구를 말해요.

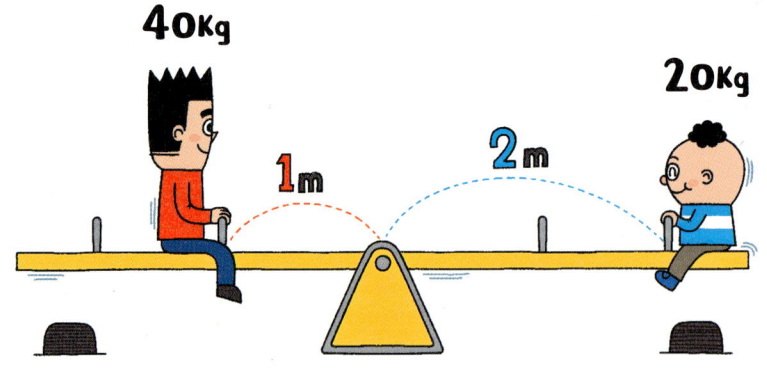

지레의 원리를 이용한 도구들

지레는 작용점, 받침점, 힘점 이렇게 3요소로 이뤄져 있어요. 작용점은 우리가 들어 올려야 하는 물체를 말해요. 받침점은 지레를 밑에서 떠받치는 물체예요. 마지막으로 힘점은 우리가 힘을 주는 위치고요.

지레는 이 3요소를 이용하여 작은 힘으로 큰 힘을 만들어 낼 수 있어요. 그리고 큰 힘을 만들어 냄과 동시에, 힘의 방향을 바꿔 주기도 하지요. 힘점을 아래로 누르면 작용점의 물체가 위로 올라가요.

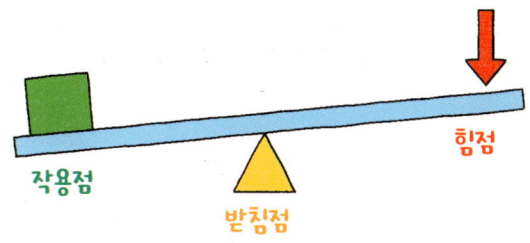

어때요? 생김새가 시소와 꼭 닮았지 않나요? 그렇다면 지레는 어떻게 적은 힘으로 무거운 물체를 번쩍 들어 올릴 수 있을까요? 그 비결은 물체의 무게가 작용점과 힘점에 분산되어 버리기 때문이에요. 막대(지렛대)가 길면 길수록 무게는 더 많이 분산되어서 필요한 힘도 적어져요.

앞에서 등장한 도르래도 사실 지레의 원리를 이용한 것이에요. 도르래 바퀴는 받침점, 들어 올리는 물체는 작용점, 손으로 당기는 부분은 힘점의 역할을 하거든요.

그 외에도 우리 주변에는 지레의 원리를 이용한 도구들이 아주 많아요. 가위, 핀셋, 박힌 못을 뽑는 데 쓰는 장도리, 병따개, 낚싯대, 빨래집게, 손톱깎이와 젓가락까지…. 그래서 지레를 도구의 아버지라고 말하는 사람도 있어요.

또 작용점, 받침점, 힘점의 위치에 따라 1종 지레, 2종 지레, 3종 지레로 분류하기도 해요. 이 배열 순서와 각 점 사이의 거리에 따라 힘의 크기와 쓰임이 달라져요. 병따개처럼 작은 힘으로 큰 힘을 만들어 내는 도구가 있는가 하면, 핀셋처럼 힘은 조금 더 들지만 섬세한 일을 할 수 있게 해 주는 도구들도 있어요.

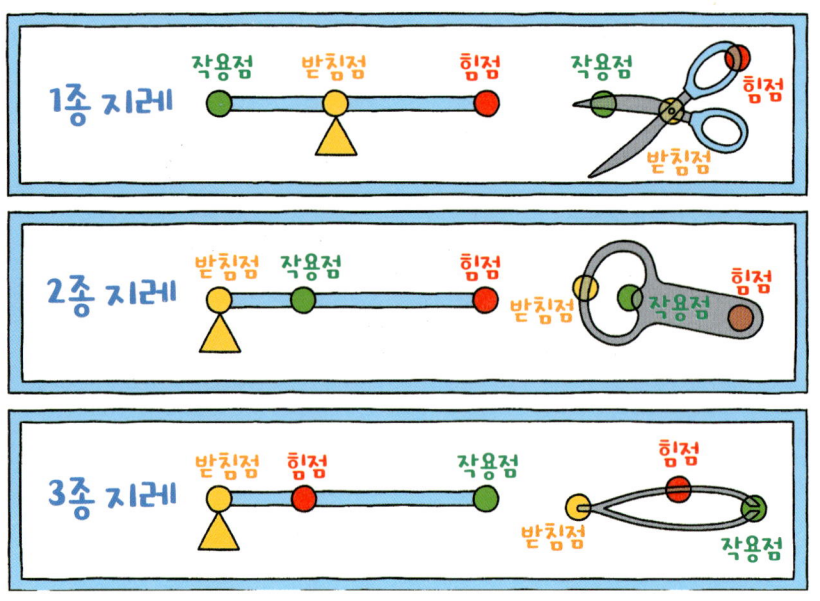

> **그것도 알고 싶다**

지구를 들어 올릴 수 있다고?

몸무게가 68kg인 사람이 900kg의 소형차를 들어 올릴 수 있을까요? 문제없어요. 그 사람에게 3.7m 길이의 지레만 갖다주면 돼요. 고대 이집트 피라미드 건축에 사용된 2.5t의 돌을 들어 올릴 때는 10m 길이의 지레면 충분하고요. 그럼 프랑스 파리를 상징하는 에펠탑도 지레로 들어 올릴 수 있을까요? 에펠탑은 자그마치 10,000t이 넘는 무거운 건축물이에요. 가능해요. 40.6km의 지렛대만 있다면요. 대략 서울역에서 수원 시청까지의 길이예요.

지레의 원리를 처음 발견한 사람은 고대 그리스의 수학자 아르키메데스예요. 그는 다음과 같은 유명한 말을 남겼어요. "나에게 충분한 길이의 막대와 이것을 받쳐 줄 수 있는 튼튼한 받침대만 준다면, 지구도 들어 올릴 수 있다."

이론적으로는 가능해요. 먼저 튼튼한 받침대를 달로 삼아요. 그리고 지구에서 안드로메다은하까지 길이의 15억 배인 막대만 있으면 돼요. 그 막대의 끝에서 끝까지 가려면 1,000조 광년, 그러니까 빛의 속도로 달려도 1,000조 년이 걸리는 아득한 길이예요.

생활 속 물리 실험

병뚜껑 투석기

옛날 전쟁에는 공성전이 많았어요. 공성전은 성을 지키고 빼앗는 전쟁을 말해요. 성을 공격하는 군대는 투석기를 사용하곤 했어요. 투석기는 돌을 새총처럼 피웅! 하고 날려 성을 부수거나 성벽 위의 적군을 공격하는 무기였어요. 무거운 돌을 들어 올리는 데 지렛대의 원리를 이용하지요. 투석기를 한번 만들어 볼까요?

> **준비물** 나무 막대 여러 개, 고무줄, 병뚜껑, 공업용 풀, 작은 공

실험 과정

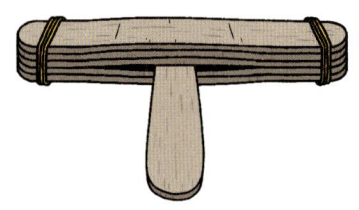

① 막대를 5개 정도 포갠 다음 고무줄로 양쪽을 단단하게 묶어요.

② 막대 하나를 겹친 막대 틈 사이에 집어 넣어요. 이때, 막대 한쪽은 짧게, 다른 한쪽은 길게 나오도록 해요.

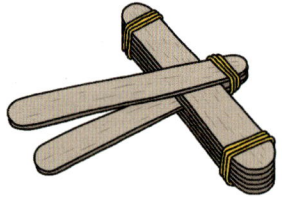

③ 다른 막대를 겹친 막대 위에 올리고 막대 사이에 집어넣은 막대와 고무줄로 묶어요.

④ 위에 올린 막대 끝에 병뚜껑을 공업용 풀로 붙여요.

⑤ 병뚜껑 안에 작은 공을 넣고 지그시 눌렀다 놓으면 피웅! 하고 공이 날아가요.

신기한 실험 결과 알아보기

병뚜껑 투석기는 지레의 원리를 사용하기 때문에 힘점, 작용점, 받침점으로 이뤄져 있어요. 손가락으로 누르는 부분이 힘점, 공이 올려져 있는 부분이 작용점, 막대와 막대가 십자가처럼 겹친 부분이 받침점이에요. 앞에서 봤던 지레와는 다르게 힘점과 작용점이 붙어 있어요. 병뚜껑을 받치고 있는 막대의 길이가 길수록 더 멀리 물건을 날려 보낼 수 있어요.

3장

버스가 끼익, 내 몸이 휘청!

관성의 법칙

버스가 달리면 사람도 달린다?

아침을 먹은 재형이는 도서관에 가기로 했어요. 선생님이 숙제로 내 준 과학 독후감에 쓸 책을 빌리려고요. 도서관으로 가는 마을버스에 올라탄 재형이는 빈자리에 앉았어요.

"도서관 도착할 때까지 뭐 하지? 맞다, 게임!"

재형이는 휴대폰으로 게임을 했어요. 그때, 버스가 갑자기 멈췄어요. 게임에 정신이 팔렸던 재형이의 몸이 앞으로 확 쏠렸어요. 동시에 쥐고 있던 휴대폰이 바닥에 떨어졌어요.

"앗, 내 폰!"

재형이는 얼른 휴대폰을 집었어요. 그때, 버스가 다시 출발했어요. 이번에는 재형이의 몸이 뒤로 젖혀졌어요. 재형이는 이상하다는 생각이 들었어요. 버스가 멈췄을 때는 몸이 앞으로 쏠렸는데, 왜 정지한 버스가 움직이면 반대로 몸이 젖혀지는 걸까요?

모든 물체에는 원래의 상태를 유지하려는 고집이 있어요. 움직이던 물체는 계속 움직이려고 하고, 멈춰 있던 물체는 계속 멈춰 있으려고 하는 것이지요. 이것을 관성의 법칙이라고 불러요. 이불을 털면 이불은 뒤쪽으로 밀리고 이불에 붙어 있던 먼지만 아래로 떨어지는 것도, 전원을 끈 선풍기의 날개가 바로 멈추지 않는 것도 원래 상태를 유지하려는 관성의 법칙 때문이에요.

관성의 법칙을 설명하는 데 가장 많이 등장하는 공간은 버스예요. 버스가 시속 70㎞의 속도로 달리면 버스에 탄 승객도 시속 70㎞의 속도로 달리는 상태가 된답니다. 하지만 우리는 이 사실을 선뜻 받아들이기가 어려워요.

사람들은 버스에서 통화를 하고, 웹툰을 보고, 영어 단어를 외우다가 심지어 꾸벅꾸벅 졸기까지 해요. 사람은 그렇게 빨리 달리면서 여유롭게 딴짓을 할 수 없어요. 하지만 사실이에요. 달리는 버스에서 점프를 해 보면 그 이유를 단박에 알 수 있어요.

만일 버스만 달리고 사람은 달리지 않는다면 어떻게 될까요? 버스는 앞으로 나아가고 사람은 공중에 정지한 상태가 되겠지요. 그럼 바닥에 착지했을 때 사람은 버스 뒤쪽에 충돌하고 말 거예요.

그런데 그런 일은 일어나지 않아요. 달리는 버스에서 점프해도 거의 제자리에 착지하지요. 사람도 버스와 같은 속도로 달리고 있기 때문이에요. 버스가 멈추면 사람은 '달림' 상태를 유지하려고 고집을 피워요. 그래서 몸이 앞으로 기울어지죠. 반대로, 멈췄던 버스가 달리면 사람은 '멈춤' 상태

를 고집하기 때문에 몸이 뒤로 젖혀지는 거고요.

직선으로 주행하는 자동차가 커브 길을 돌 때도 관성의 법칙이 나타나요. 자동차가 커브 길을 돌 때 차에 탄 사람은 '직선' 상태를 고집하기 때문에 몸이 저도 모르게 옆으로 휙! 휙! 젖혀지는 거랍니다. 그래서 차를 탈 때는 반드시 안전벨트를 매야 해요.

관성의 법칙은 우리 주변에서 흔히 발견할 수 있어요. 빙글빙글 회전하는 팽이가 잘 쓰러지지 않는 것도, 돌부리에 걸린 사람이 앞으로 넘어지는 것도 관성의 법칙이 작용하기 때문이에요.

관성의 법칙은 너무 유명해서 과학과 전혀 관계없는 현상에도 빗대어 쓰이곤 해요. 일을 미루는 습관, 늦잠을 자는 습관, 화를 벌컥벌컥 내는 습관처럼 말이에요. 우리는 이 나쁜 습관을 고치려고 노력하지만 쉽지 않아요. 그럴 때 사람들은 나쁜 습관이 '관성처럼 굳어졌다'라고 말하곤 해요.

브레이크를 미리 밟는 이유

달리는 자전거에서 브레이크를 밟으면 자전거는 관성의 법칙에 따라 살짝 앞으로 밀리기는 하지만 곧 멈춰요. 자동차는 그보다 좀 더 많이 앞으로 밀렸다가 멈추고요. 자동차가 자전거보다 훨씬 무겁기 때문이에요. 즉, 관성의 법칙은 물체가 무거울수록 더 크게 작용한다는 걸 알 수 있어요.

여기서 퀴즈, 비행기 좌석에도 있고 자동차 좌석에도 있지만 KTX 좌석에는 없는 것은 무엇일까요? 정답은 안전벨트예요. 최고 시속 300km를 자랑하는 KTX에도, 최고 시속이 무려 600km나 되는 일본의 고속 철도 신칸센에도 안전벨트는 없어요. 기차의 무게 때문이에요.

KTX는 비행기 못지않게 무거운 탈것이에요. 객차 20량을 달고 다니는 KTX의 중량은 대략 700t이에요. 어지간한 승용차 460대와 비슷한 무게랍니다. 이렇게 무겁다 보니 기관사가 브레이크를 밟아도 관성의 힘이 오랫동안 작용해서 자동차보다 더 멀리 앞으로 밀려요. 달리던 KTX가 완전히 멈추려면 70초 이상의 시간과 3km의 거리가 필요해요.

그래서 KTX는 다음 역에 도착하기 전부터 천천히 속도를 줄인답니다. 출발할 때도 천천히 속도를 올리고요. 덕분에 승객들은 몸이 크게 앞뒤로 출렁이지 않아요. 이것이 기차에는 안전벨트가 없는 이유랍니다.

기차보다 훨씬 더 크고 무거운 배는 어떨까요? 실제로 1912년 4월 14일,

북대서양에서 거대한 여객선이 빙하에 충돌해 침몰한 사건이 있었어요. 영화로도 만들어진 유명한 타이태닉 사고예요. 사고 직전, 타이태닉호의 선원들은 400m 앞에 둥둥 뜬 빙산을 발견했어요. 그런데도 비극적인 충돌을 막을 수 없었어요. 400m는 축구장 4개를 연결한 것만큼 긴 거리예요. 그 정도면 충분히 사고를 막을 수 있지 않았을까 생각이 들기도 하지만, 문제는 무게였어요. 타이태닉호는 46,328t의 무게에 3,000명을 너끈히 태울 수 있는 초대형 선박이었거든요.

그래서 기름을 싣고 오는 유조선이나 컨테이너를 쌓아 올린 컨테이너선은 멀리서부터 일찌감치 미리 시동을 끄고 항구에 들어와요. 미리미리 관성의 힘을 낮추려는 거예요.

관성은 움직이는 물체뿐만 아니라 멈춰 있는 물체에도 동일하게 작용해요. 책상에 올려놓은 책을 치우기는 쉽지만, 거실 소파를 옮기는 건 힘들잖아요? 무거운 물체일수록 계속 제자리에 멈춰 있으려는 관성이 더 크게 작용하기 때문이에요.

그것도 알고 싶다

우주에서 공을 던지면?

여러분은 공을 얼마나 멀리 던질 수 있나요? 초등학생 남자아이라면 보통 30m 정도이고, 어깨 힘이 좋은 친구라면 50m도 던질 수 있어요. 야구공 멀리 던지기 기네스북 신기록은 캐나다 출신 야구 선수가 던진 135.88m예요. 엄청난 거리긴 하지만, 제아무리 어깨 힘이 강한 투수라도 200m를 넘기는 건 불가능해요.

그런데 우주 공간이라면 이야기는 달라져요. 어린이가 던진 공도 끝없이 날아가거든요. 왜일까요? 운동하는 물체는 자신의 상태를 계속 유지하려는 관성의 법칙을 따르기 때문이에요.

그렇다면 왜 지구에서는 그런 일이 일어나지 않을까요? 지구에는 관성을 방해하는 수많은 힘이 있기 때문이에요. 날아가는 공은 일차적으로 공기의 저항을 받아요. 그리고 물체를 밑으로 잡아당기는 중력의 저항도 받고요. 그래서 공은 영원히 날아가지 못하고 어느 시점에서 뚝 하고 떨어지는 거랍니다. 하지만 우주 공간에는 공기도, 중력도 없기 때문에 던져진 공은 관성에 의해 계속 날아갈 수 있어요.

우리가 사는 지구도 관성의 법칙으로 움직여요. 지구는 초속 460m의 속도로 팽이처럼 돌면서(자전), 동시에 초속 29.8km의 속도로 태양 주변을 돌고(공전) 있어요. 만일 특별한 외부의 힘, 그러니까 어떤 거대한 운석이 지구에 충돌하는 것과 같은 방해만 없다면 지구는 관성의 법칙에 따라 영원히 자전과 공전을 계속할 거예요.

우주에는 1977년 미국항공우주국(NASA)이 발사한 2대의 탐사 로켓, 보이저 1호와 보이저 2호가 40년 넘게 비행을 계속하고 있어요. 추가로 연료를 공급해 주지 않아도, 특별한 추진체가 없어도 이들이 유유히 우주를 돌아다닐 수 있는 비결은 바로 관성이에요.

생활 속 물리 실험

탁구공 옮기기

테이블 위에 탁구공들과 그릇과 투명한 플라스틱 통이 있어요. 지금부터 탁구공을 그릇에 담으려고 해요. 단, 조건이 있어요. 손으로 탁구공을 만져서는 안 돼요. 숟가락이나 젓가락을 사용해서도 안 돼요. 오직 투명한 플라스틱 통만 사용해서 탁구공을 옮겨 담아야 해요. 여러분은 할 수 있겠어요?

준비물 탁구공 3~4개, 투명한 플라스틱 통, 그릇

실험 과정

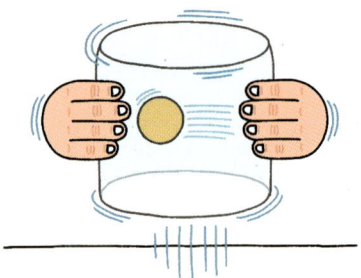

① 플라스틱 통을 거꾸로 엎어 탁구공을 덮은 다음, 통을 빠르게 빙글빙글 돌려요.

② 플라스틱 통을 위로 들어 올려요. 탁구공은 통 안에서 계속 회전하고 있어요.

③ 탁구공을 그릇에 옮겨 담아요. 손 안 대고 탁구공 옮기기 성공!

신기한 실험 결과 알아보기

플라스틱 통을 빙글빙글 돌리면 통 속의 탁구공도 덩달아 빙글빙글 돌아가요. 마치 달리는 버스에 탄 사람도 달리는 상태가 되는 것과 같은 이치예요. 그 상태로 플라스틱 통을 들어 올려도 탁구공은 떨어지지 않아요. 원운동을 계속하려는 관성의 법칙 때문이에요. 하지만 통을 계속 흔들어 주지 않으면 관성은 약해져요. 결국, 탁구공은 중력의 방해를 받아 그릇 안으로 떨어지게 된답니다.

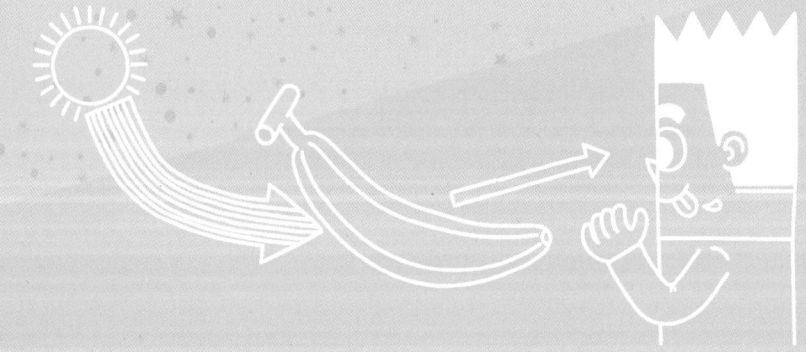

4장

도서관의 빛 빛 빛

여러 가지 빛

사람 몸에서도 빛이 난다!

도서관에 도착했어요. 1층 서고 입구에는 빌린 책을 소독하는 자외선 살균기가 있었어요.

"자외선이 뭐야? 자외선으로 어떻게 책을 소독한다는 거지?"

재형이는 고개를 갸우뚱거리며 안으로 들어갔어요. 책을 한참 찾고 있는데 화장실에 가고 싶어졌어요.

"엇, 뭐야. 왜 이렇게 캄캄해?"

누가 스위치를 끈 걸까요? 화장실은 무척 어두웠어요. 스위치를 찾으려고 손을 뻗었는데 갑자기 짠! 하고 불이 켜졌어요. 너무 신기해서 사서 선생님께 여쭤봤어요.

"아아, 그거? 적외선 센서로 작동하는 조명이야."

적외선 센서라고요? 이건 또 뭘까요?

추운 겨울, 난로 가까이에 있으면 우리는 따뜻함을 느껴요. 이 현상을 물리학적으로 설명하면, 달궈진 난로가 열에너지를 내뿜기 때문이에요. 이 열에너지는 택배처럼 트럭에 실려서 우리에게 배송되어요. 열에너지를 싣고 오는 이 택배 트럭이 바로 '빛'이에요. 다시 말하면, 열을 내는 모든 물체는 빛을 내뿜는다는 뜻이에요.

체온을 가진 사람도 몸에서 빛을 내뿜어요. 건강한 사람의 체온은 약 36.5℃예요. 1,000℃가 넘는 가스 불이나 촛불에 비하면 낮은 온도지만 그래도 열은 열이에요. 이 열을 내뿜는 빛이 적외선이에요.

문제는 사람의 눈은 적외선을 볼 수 없다는 사실이에요. 예수님이라면 몰라도 몸에서 눈이 부시게 빛이 나는 사람은 세상에 없으니까요. 하지만 열을 감지하는 열화상 카메라로 촬영하면 적나라하게 볼 수 있어요.

　알록달록한 것이 마치 유화 물감으로 그린 그림 같죠? 열화상 카메라는 적외선을 사람 눈으로 볼 수 있도록 시각화한 장치예요. 열화상 카메라에는 적외선을 감지하는 이미지 센서가 붙어 있어요. 이 이미지 센서가 적외선을 감지해 전기 신호를 만들면 신호의 세기와 위치를 분석해 우리의 눈으로 볼 수 있는 이미지로 만들어 준답니다.

　열화상 카메라는 인체 부위가 내뿜는 열을 색깔별로 표시해요. 체온이 높은 부위는 붉은색과 흰색으로, 체온이 낮은 부위는 파란색, 보라색, 검은색 등으로 나타나요. 만일 독감에 걸려 체온이 높은 사람이라면 붉은색과 흰색이 더 많이 나타날 거예요.

　사람이 없으면 전등이 꺼지고, 사람이 들어오면 켜지는 화장실 조명도 적외선을 이용한 것이에요. 원리는 이래요. 화장실 입구에는 적외선 센서가 달려 있어요. 이 센서가 체온을 가진 사람이나 동물의 몸에서 나오는 적외선을 감지해서 조명을 작동시켜요. 그리고 볼일을 마친 사람이 화장실을 나가면 적외선이 감지되지 않아서 조명은 자동으로 꺼져요.

적외선 센서를 이용한 조명 장치는 건물 계단에서도 흔히 볼 수 있어요. 평소에는 깜깜한 상태였다가 사람이 다가오면 즉시 반응해서 주변을 환하게 밝혀 줘요. 덕분에 우리는 넘어지지 않고 계단을 이용할 수 있어요. 늘 전등을 켜 두는 것보다 사람이 있을 때만 불을 밝히는 것이 불필요한 전력 손실을 줄일 수 있거든요.

이런 적외선 센서는 도둑이나 낯선 사람의 침입을 알려 주는 역할도 해요. 이것을 적외선 경보기라고 불러요. 아마 영화에서 본 친구들도 있을 거예요. 침입자 눈에는 보이지 않지만 적외선 레이저가 촘촘한 그물처럼 금고나 집 주변을 감싸고 있는 장면들 말이에요. 수상한 사람이 살금살금 접근하면 도난 경보기는 그 사람의 열을 감지해 삐! 삐! 하는 시끄러운 소리를 내서 침입자를 화들짝 놀라게 하거나, 은밀하게 사설 경비업체에 수상한 자의 침입 사실을 알려요. 그럼 수 분 후, 경비업체 직원들이 쏜살같이 달려온답니다.

빛의 종류에는 어떤 것들이 있을까?

빛은 전달하는 에너지의 크기에 따라 여러 종류로 나누어져요. 오른쪽 그림은 빛의 종류와 에너지의 크기를 보여 줘요.

에너지가 작은 빛부터 살펴볼게요. 최하위는 라디오파예요. 라디오파는 에너지가 너무 약해서 우리가 라디오를 오래 들어도 그 에너지를 거의 느끼지 못해요. 마이크로파는 그보다 에너지가 커요. 식은 밥이나 국, 냉동 만두를 따뜻하게 데워 주는 전자레인지가 마이크로파를 이용한 전자 제품이에요. 적외선은 방을 따뜻하게 데워 주는 난로나, 세균을 소독하는 살

균기에서 사용해요. 가시광선은 인간이 유일하게 볼 수 있는 빛이에요. 가시광선의 한자를 풀이하면 '할 수 있다'는 뜻의 가(可), '본다'는 뜻의 시(視), '빛'이라는 뜻의 광선(光線)이에요. '볼 수 있는 빛'이란 뜻이에요.

대표적인 가시광선이 빨, 주, 노, 초, 파, 남, 보, 무지개의 색깔들이에요. 쇠젓가락을 불에 달구면 빨간색으로 변하잖아요? 이것은 뜨거워진 쇠젓가락이 붉은색 가시광선을 내뿜기 때문에 우리 눈에 붉게 보이는 거예요.

이제 남은 것은 TOP 3예요. 지금부터 등장하는 빛들은 에너지 수위가 높아서 우리가 퍽 조심히 다뤄야 해요. 3위인 자외선은 에너지가 강해서 책이나 식기를 소독하는 데 사용되어요. 또 우리 몸에 꼭 필요한 비타민 D를 만들어 주고, 여름철 우리 피부를 검게 그을리게 해요. 동시에 피부를 손상시키거나 자칫 피부암을 유발하기도 해요. 그래서 햇살이 강한 날에는 외출 전에 자외선 차단제를 꼼꼼히 바르는 게 좋아요.

2위인 엑스선은 병원에서 신체 내부를 촬영할 때 사용하는 빛이에요. 흔히 엑스레이라고 부르는 그 빛이에요. 엑스선 덕분에 우리는 피부를 칼로 가르지 않고도 병이 든 곳을 찾아낼 수 있어요. 동시에 엑스선은 건강에 위협적인 빛이기도 해요. 엑스선은 방사선의 하나예요. 방사선이란, 원자력 발전소에서 연료로 사용하는 우라늄이 핵분열하거나, 핵폭탄이 터질 때 뿜어져 나오는 입자를 말해요. 방사선에 자주 노출된 사람은 DNA가 파괴되어 돌연변이가 생기거나 암에 걸릴 수도 있어요.

감마선은 엑스선보다 훨씬 에너지가 큰 방사선이에요. 감마선은 에너지가 워낙 강해서 금속판 정도는 우습게 통과해요. 감마선을 막으려면 두꺼운 납이나 콘크리트가 있어야 해요.

그것도 알고 싶다

사과는 왜 빨간색일까?

세상에는 다양한 색이 있어요. 하늘은 파란색, 구름은 하얀색, 할아버지 수염은 흰색, 홍옥(사과)은 빨간색을 띠고 있어요. 그 이유는 빛이에요.

껍질이 붉은 사과를 예로 들어 볼게요. 우리는 이 사과를 빨간색이라고 생각해요. 하지만 그건 빛이 있을 때 이야기예요. 컴컴한 방에 있는 사과는 더 이상 붉은색이 아니에요. 커튼을 열거나, 형광등을 켜면 그제야 사과는 다시 붉은색을 띤답니다. 우리가 어떤 물체를 볼 때 파랗다, 노랗다, 빨갛다고 느끼는 것은, 사실 그 물체에 반사된 빛이 우리 눈에 들어오기 때문이에요.

사과, 바나나, 식물, 책 등 물체는 분자라는 작은 입자로 이뤄져 있어요. 그런데 사과의 분자는 가시광선 중에서 빨간색은 튕겨 내고(반사) 나머지 색은 빨아들여요(흡수). 이렇게 튕겨 나간 빨간색이 사람 눈에 들어와서 우리는 '사과는 빨갛군!'이라고 느끼는 거예요.

같은 원리로, 바나나 껍질은 가시광선 중에서 노란색만 반사해요. 그 노란색 빛이

우리 눈에 들어와서 우리는 바나나 껍질을 '노랗다'라고 인식한답니다. 물체마다 반사하는 빛의 종류가 다르기 때문에 이 세상은 아름답게 다채로운 것인지도 모르겠어요.

여름철이 되면, 우리는 반소매 티셔츠를 입어요. 그런데 반소매 티셔츠에는 유난히 흰색 계열 색상이 많아요. 물체를 비추는 빛을 모두 반사할 때 띠는 색이 흰색이에요. 반대로, 빛을 모두 흡수하면 그 물체는 검은색을 띠어요. 그래서 햇빛이 쨍쨍 비치는 무더운 날, 검은색 옷을 입은 사람은 흰색 옷을 입은 사람보다 훨씬 더위를 느낀답니다.

생활 속 물리 실험

하늘이 파란 이유

구름 한 점 없는 하늘은 눈이 부실 만큼 예쁜 파란색이에요. 세상에는 파란색 말고도 수많은 색이 있는데 왜 하필 하늘은 파란색일까요? 여기에는 어떤 물리학의 비밀이 숨어 있는 걸까요? 지금부터 실험으로 그 이유를 알아보도록 해요.

준비물 긴 유리병, 물, 흰 우유, 휴대폰

실험 과정

① 유리병에 물을 부어요.

② 물이 든 유리병에 우유를 한 숟가락 넣어요.

③ 휴대폰 플래시를 켜고 그 위에 유리병을 올려놓아요. 그리고 방 안의 불을 끄면, 유리병이 파란색으로 빛나요.

신기한 실험 결과 알아보기

하늘이 파란색인 이유는 빛의 산란 현상과 관련이 있어요. 산란이란 태양 빛이 공기 중에 들어 있는 산소나 질소 같은 미세한 공기 입자에 부딪혀 사방팔방으로 흩어지는 현상을 말해요. 그런데 가시광선 중에서는 파란색이 가장 활발하게 산란 활동을 해요. 다른 색깔의 빛은 산란이 잘 일어나지 않으므로 그대로 대기를 통과해 지상에 도달하지만, 파란색은 대기 중에서 흩어지게 되어요. 그래서 하늘색이 파랗게 보이는 거랍니다.

실험에 사용된 휴대폰 플래시는 태양 빛을 상징해요. 그럼 우유는 뭘까요? 우유는 공기 중의 산소나 질소 같은 작은 입자를 상징해요. 우유에는 단백질, 칼슘, 인 등 아주 작은 입자가 들어 있거든요. 휴대폰 불빛이 우유에 든 입자와 부딪혀 산란하고, 그 결과 유리병이 하늘처럼 파란색을 띠게 된 거랍니다.

5장

달려 달려!
인라인스케이트

전기와 자기

인라인스케이트 바퀴에 불이 들어오는 원리

도서관에서 책을 읽는데 같은 반 연호한테 전화가 왔어요.

"재형아, 인라인스케이트 타러 가자!"

"나 책 읽는 중인데."

"그래서 뭐, 안 가겠다고?"

재형이는 잽싸게 집에 들러 인라인스케이트를 챙겨 공원으로 나왔어요. 연호가 재형이의 인라인스케이트를 보더니 이렇게 말했어요.

"야야, 바퀴에 번쩍번쩍 불 들어오니까 엄청 멋지다. 블링블링해!"

"그래?"

"예전부터 궁금했는데, 인라인스케이트 바퀴에는 어떻게 불이 들어올까?"

"글쎄…. 뭐 건전지가 들어 있어서 그런 게 아닐까?"

"달릴 때만 바퀴에 불이 들어오잖아. 안에 건전지가 있다면 왜 멈춰 있을 때는 불이 안 들어와?"

연호 말이 맞네요. 생각해 보니, 자전거나 킥보드도 오직 달릴 때만 바퀴에 불이 들어오잖아요? 여기에는 어떤 원리가 숨어 있을까요?

가정과 학교, 사무실, 공장에서 사용하는 전기는 발전소에서 만들어 보내 준 것이에요. 발전소는 어떤 연료를 사용하느냐에 따라 다양한 이름으로 분류되어요. 우리나라는 화력 발전소와 원자력 발전소를 주로 사용해요. 화력 발전소는 석탄, 석유, 천연가스를 원료로 전기를 만드는 곳이고, 원자력 발전소는 우라늄을 연료로 전기를 생산하는 곳이에요.

비록 사용하는 연료는 달라도, 화력 발전소와 원자력 발전소가 전기를 생산하는 원리는 놀랄 만큼 똑같아요. 바로 물을 끓이는 것이에요. 냄비나

주전자에 물을 넣고 팔팔 끓이면 뚜껑이 들썩거리는 걸 본 적이 있을 거예요. 수증기가 뚜껑을 움직이기 때문이에요. 발전소는 이 수증기의 힘을 이용한답니다. 화력 발전소에서는 석탄과 석유, 가스로 물을 끓여 수증기를 만들어요. 원자력 발전소에서는 우라늄을 핵분열시키는데 그 과정에서 엄청난 열이 발생해요. 그 열로 물을 끓이는 거예요.

수증기는 냄비 뚜껑을 들썩이게 하는 힘을 가졌다고 했잖아요? 발전소에서 생산된 수증기는 냄비 뚜껑이 아니라 선풍기 날개처럼 생긴 터빈이라는 기계를 빙글빙글 돌려요. 바람이 불면 풍차 날개가 빙글빙글 돌아가듯, 수증기가 터빈의 날개를 돌리는 거예요.

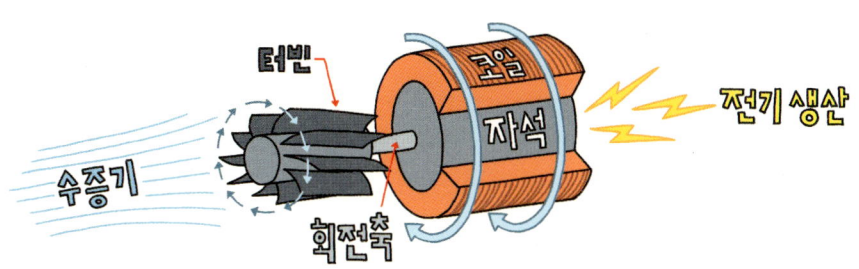

터빈은 발전기와 연결되어 있어요. 발전기 내부를 살펴보면, 가운데에 커다란 자석이 있고 구리 선을 둘둘 감은 코일이 자석을 감싸고 있어요. 터빈 날개가 회전하면 발전기에 연결된 자석도 덩달아 회전해요. 이때 전류가 발생해 전기가 만들어지는 거예요.

여기서 핵심은 자석과 자석을 감싸고 있는 코일이에요. 코일 속에서 자석이 움직일 때, 전류가 발생한답니다. 자전거나 킥보드, 인라인스케이트 바퀴에도 이런 초소형 발전기가 들어 있어요. 우리가 인라인스케이트를 신고 씽씽! 달리면 바퀴가 회전해요. 그럼 바퀴에 연결된 자석도 빙글빙글 돌 테고, 그 과정에서 전류가 만들어져 바퀴에 불이 들어오는 거랍니다. 자석이 회전하면 전기가 발생한다니, 너무 신기하지 않나요? 이것을 물리학에서는 전자기 유도 현상이라고 해요.

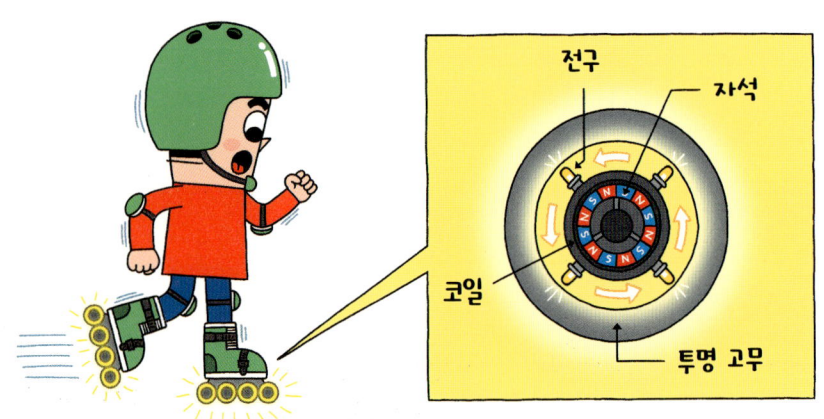

무거운 쇳덩어리도 번쩍 들어 올리는 전자석

코일 속에서 자석을 움직이면 전기가 발생한다는 것을 배웠어요. 그런데 말이에요. 자석으로 전기를 만들 수 있다면, 그 반대도 가능하지 않을까요? 가능해요. 전기로 만들어진 자석을 전자석이라고 한답니다.

전자석은 전류가 흐를 때만 자기력을 발휘하고, 전류가 흐르지 않을 땐 자기력을 발휘하지 않아요. 전자석은 막대자석과 달리 전기의 흐름을 바꿔 양쪽 극을 바꿀 수도 있고, 자기력의 세기를 마음대로 조절할 수도 있어요.

만드는 방법은 간단해요. 못과 같은 금속 막대에 전기가 잘 통하는 구리

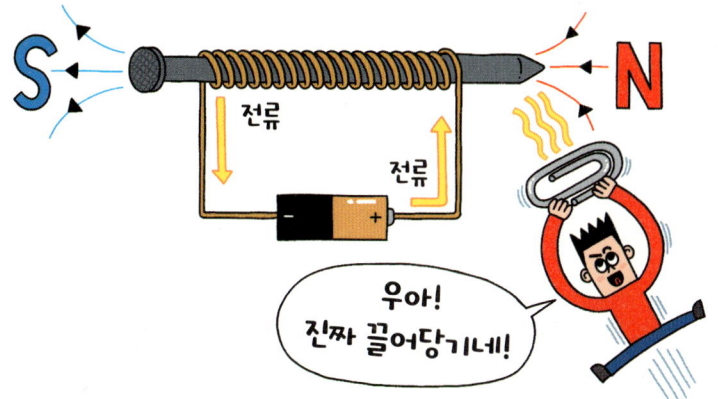

선을 스파게티 면발처럼 돌돌 감아요. 그리고 구리 선을 건전지에 연결해요. 그럼 전류가 흐르면서 쇠못은 순식간에 자석, 즉 전자석으로 변신해요. 쇳조각을 갖다 대면 쇠못이 자석처럼 쇳조각을 끌어당긴답니다.

이 원리를 이용해 기중기는 고철을 들어 올려요. 기중기 끝에는 커다란 전자석이 붙어 있어요. 전자석에 전류를 공급하면 강한 힘으로 고철을 끌어당겨요. 그 상태로 고철을 원하는 곳으로 옮기고 전류를 차단하면 전자석은 기능을 상실해서 고철을 뚝! 떨어뜨린답니다.

우리는 닮은꼴, 자석과 전기

신기하지 않나요? 자석으로 전기를 만드는 것도 놀라운데, 전기를 이용해 쇠를 자석으로 만들다니! 언뜻 보면, 자석과 전기는 전혀 닮은 데가 없을 것 같아요. 자석은 금속을 끌어당기는 물질이고, 전기는 전류가 흐르는 현상이니까요.

그런데 자석과 전기는 닮은 구석이 많아요. 자석에는 N극과 S극이 있고, 전기에는 플러스(+)극과 마이너스(-)극이 있어요. 자석은 같은 극끼리는 밀어내고 다른 극끼리는 잡아당겨요. 전기도 같은 극끼리는 밀어내고 다른 극끼리 끌어당겨요. 과학 시간에 막대자석에 철 가루를 뿌리는 실험을 해 본 적 있나요? 자석이 철 가루를 끌어당기면 자석 주변에 이런 모습이 만들어져요.

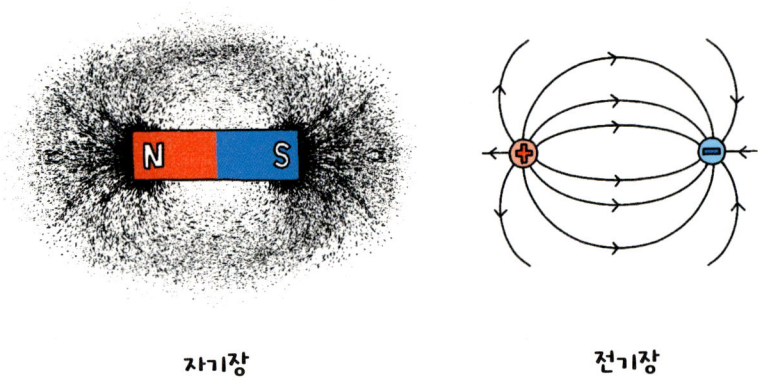

자기장   전기장

N극과 S극의 양 끝에 유난히 철 가루가 많이 붙어 있는 걸 알 수 있어요. 끝 쪽으로 갈수록 자석의 힘이 세기 때문이에요. 자석이 철 가루를 잡아당기는 힘, 다시 말해 자석의 힘을 '자기'라고 해요. 또 자기가 미치는 범위를 자기장이라고 부릅니다.

그런데 전기도 자신의 힘이 미치는 범위가 있어요. 오른쪽 그림은 전기장을 표시한 거예요. 어때요? 자기장과 생김새가 비슷하죠?

전자기파의 여러 이름

전자기파라는 단어를 들어 본 적이 있나요? 아마 많지 않을 거예요. 하지만 전자파, 혹은 전파는 많이 들어 봤을 거예요. 휴대폰 전파라던가, 전기장판을 사용하면 몸에 해로운 전자파가 나온다는 이야기들에서 말이에요. 전자파와 전파는 같은 말이에요. 모두 '전자기파'를 줄여서 부르는 이름들이랍니다.

전자기파란, 전기의 힘이 작용하는 공간인 전기장과 자석의 힘이 작용하는 공간인 자기장이 마치 2마리의 뱀처럼 서로 얽히고 얽혀서 공간으로 넓게 퍼져 나가는 파동이라는 뜻이에요.

이렇게 자석이 전기를 만들고, 전기는 다시 자석을 만들어요. 그러니까 자석과 전기는 동전의 앞면과 뒷면과 같은 관계랍니다.

그것도 알고 싶다

휴대폰 무선 충전의 원리

여러분은 하루에 휴대폰을 몇 시간이나 사용하나요? 아마, 잠잘 때를 제외하고는 늘 몸에 지니고 다닐 거예요. 휴대폰을 많이 사용하기 때문에 배터리가 방전되지 않도록 충전도 그때그때 해 줘야 하죠. 예전에는 대부분 유선 충전기를 사용했지만, 요즘엔 무선 충전기도 흔히 볼 수 있어요. 충전기 선을 휴대폰에 연결하지 않고도 패드 위에 올려놓기만 하면 바로 충전이 시작되기 때문에 편리해요. 사실, 그 안에는 전자기 유도 원리가 숨어 있어요.

충전기 패드 안에는 코일이 칭칭 감겨 있어요. 이 코일에 전류를 흘려 주면 전자기 유도 법칙에 따라 자기장이 형성되어요. 말하자면, 자석이 되는 것이지요. 휴대폰 안에도 역시 코일이 들어 있어요. 이 충전기 패드에 휴대폰을 올려놓으면, 패드 안에서 만들어진 자기장이 휴대폰 코일에 영향을 미칠 거예요.

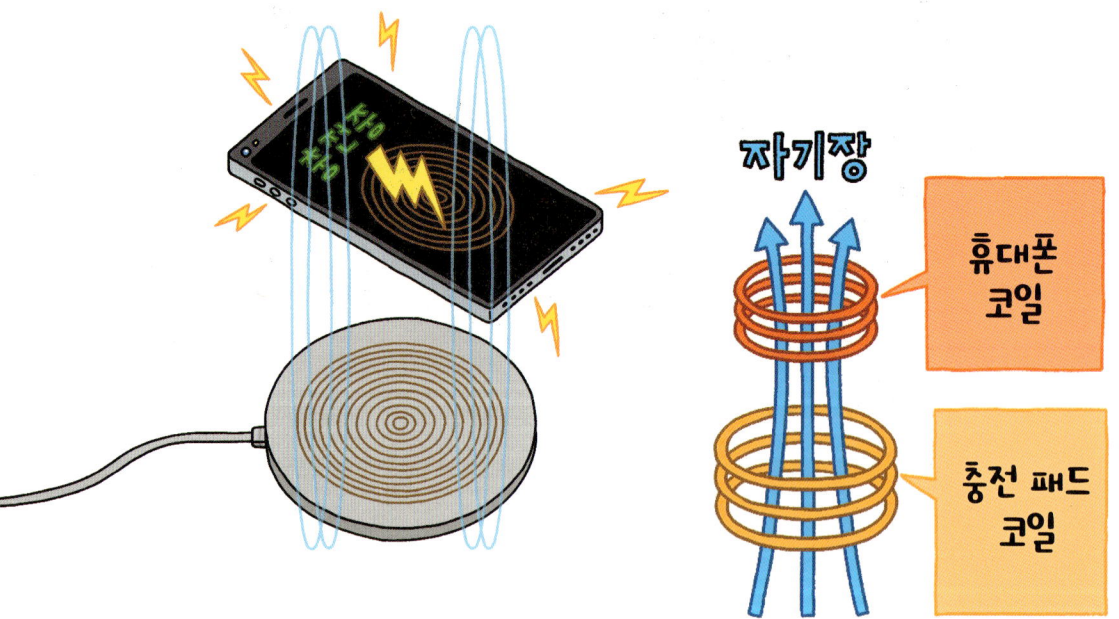

자석이 코일을 만나면 유도 전류가 만들어진다고 했죠? 이렇게 만들어진 전류에 의해 배터리가 빵빵하게 충전되는 거예요.

이러한 충전 방식은 90% 이상의 전력 전송 효율을 자랑해요. 전류를 큰 손실 없이 휴대폰에 잘 전달하고 있다는 뜻이에요. 고속 무선 충전기를 사용할 경우, 충전에 걸리는 시간이 유선 충전기와 크게 차이 나지 않아요. 그리고 무엇보다, 전자기 유도 방식은 전자기파 발생이 거의 없기 때문에 우리 몸에 해롭지 않아요.

물론 단점도 있어요. 휴대폰의 코일과 충전 패드의 코일이 맞닿아 있어야 하기 때문에 아주 가까운 거리에서만 충전이 가능하거든요. 또 무선 충전 패드 역시 콘센트에 선을 연결해야 하므로 완전한 무선 충전이라 할 순 없지요. 하지만 충전 패드가 주는 편리함 때문에 많은 사람들이 전자기 유도식 무선 충전기를 사용하고 있어요.

생활 속 물리 실험

나뭇잎 나침반

오랜 옛날, 산이나 사막, 바다에서 길을 잃은 사람들은 나침반을 이용해 정확한 방향을 찾았어요. 나침반은 북쪽과 남쪽을 가리키는 도구예요. 동, 서, 남, 북 중에서 한쪽만 알면 나머지 방향은 자동으로 알 수 있거든요. 그런데 나침반마저 없을 땐 어떻게 길을 찾을까요? 방법은 있어요. 자석과 작은 금속만 있다면 나침반을 만들 수 있거든요.

준비물 막대자석(말굽자석), 침핀(바늘), 접시, 물, 나뭇잎

실험 과정

① 자석에 침핀을 대고 한 방향으로 문질러요. 자석 끝에 문지를수록 자기가 강해져요.

② 접시에 물을 붓고 나뭇잎을 띄워요. 그리고 나뭇잎 위에 침핀을 살포시 올려놓아요.

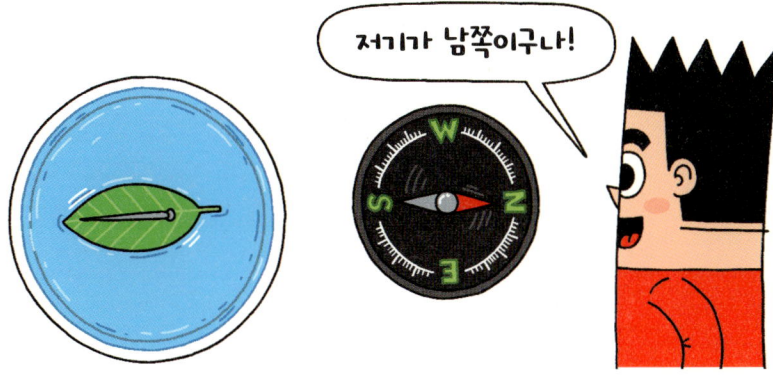

③ 침핀이 가리키는 방향이 정확하게 나침반의 방향과 일치해요. 나뭇잎 나침반 완성!

신기한 실험 결과 알아보기

　침핀처럼 자석에 잘 붙는 물질을 자석에 문지르면 그 물질도 자석의 성질을 띠어요. 비록 일시적이기는 하지만 말이에요. 이것을 자화라고 불러요. 나침반도 자석이에요. 즉, 임시 자석이 된 침핀이 나침반의 역할을 하게 된 거예요.

　그렇다면, 나침반은 왜 북쪽과 남쪽을 가리킬까요? 지구도 하나의 커다란 자석이기 때문이에요. 나침반의 N극은 북쪽을 가리켜요. 그래서 '지구의 북쪽도 N극이겠군!'이라고 오해하기 쉬운데요, 사실은 반대예요. 북극곰이 사는 북쪽은 S극이고, 펭귄이 사는 남쪽이 N극이에요. 자석은 같은 극끼리는 밀어내고 다른 극끼리는 끌어당기잖아요? 나침반의 N극이 지구의 북쪽(S극)에 스르륵~ 끌려가다 보니 N극이 북쪽을 가리키게 된 거예요.

6장

수영장에 풍덩!

중력과 부력

우리가 잘못 알고 있는 무게

인라인스케이트를 열심히 탔더니 온몸이 땀으로 흠뻑 젖었어요. 재형이는 땀도 씻을 겸 수영장에 갔어요. 수영장 탈의실에는 체중계가 놓여 있었어요. 아저씨들이 체중계에 올라가 몸무게를 재고 있네요.

"오오! 80kg이네! 저번보다 몸무게가 무려 3kg이나 줄었어."

배 나온 아저씨가 기쁜 듯 소리쳤어요. 그러자 아저씨의 친구가 고개를 좌우로 흔들었어요.

"틀렸어, 그건 몸무게가 아니야. 질량이지."

"잉? 그런가? 뭐, 물리학과 교수인 자네가 그렇다면 그런 거겠지. 하하하."

아저씨들은 웃으면서 나갔어요. 옆에서 가만히 지켜보고 있던 재형이는 도무지 이해할 수 없었어요. 체중계는 몸무게를 측정하는 물건이잖아요? 그런데 왜 저 교수 아저씨는 체중계에 표시된 숫자를 무게가 아닌 질량이라고 말하는 걸까요?

"너 몸무게가 얼마야?"

"50kg이야."

"이 설탕은 무게가 얼마나 나가요?"

"500g입니다."

우리는 일상생활에서 '무게'라는 말을 참 많이 사용해요. 그런데 g(그램)과 kg(킬로그램)은 무게가 아니라 질량을 나타내는 단위예요. 무게의 단위는 N(뉴턴)이에요. N은 중력의 법칙을 처음 발견한 영국 물리학자 아이작 뉴턴에서 따온 말이에요. 무게는 질량에 중력 가속도를 곱한 값이에요. 중력 가속도란, 물체가 땅에 떨어지는 속도를 말해요. 지구의 중력 가속도는 9.8㎧인데, 1초에 9.8m를 이동한다는 뜻이에요. 반올림해서 '10'으로 사용하기도 한답니다. 질량이 60kg인 철수의 몸무게는 60 곱하기 10, 즉 600N이에요.

그런데 철수가 달에서 몸무게를 측정하면 100N이에요. 대단한 다이어트를 한 것도 아닌데 몸무게가 1/6로 줄었어요. 왜 그럴까요? 달의 중력은 지구의 1/6밖에 안 되기 때문이에요. 중력이 지구의 1/6이라는 것은, 달에서는 낙하하는 속도가 지구의 1/6밖에 안 된다는 뜻이에요. 달에서는 10층 높이에서 뛰어내려도 다치지 않아요.

SF 영화에서 달에 간 우주인이 둥실둥실 떠다니는 장면을 본 적이 있을 거예요. 달의 중력이 작아서 우주인의 몸무게도 덩달아 가벼워졌기 때문이에요. 반면 목성이나 태양은 지구보다 중력이 큰 별이에요. 목성에 간 사람의 몸무게는 2.5배 무거워지고, 태양에 가면 무려 28배 무거워져요. 이렇게 무게는 내가 있는 곳에 작용하는 중력 크기에 따라 달라진답니다.

질량은 그렇지 않아요. 지구에서 질량이 60kg인 철수는 달에서도 60kg이에요. 왜냐하면 질량은 중력과 아무런 상관이 없기 때문이에요. 그래서 질량을 물질의 고유한 양이라고 부른답니다.

그런데 사람들은 왜 체중계에 표시된 숫자를 질량이 아닌 무게라고 말할까요? 그건 틀린 표현이잖아요? 물리학이라는 과학의 틀 안에서는 무게와 질량을 엄격하게 구분해야 해요. 하지만 일상생활에서는 질량을 무게라고 말해도 큰 문제가 되지 않아요. 우리는 이미 질량보다 무게라는 단위에 익숙해져 있어요. 이제 와서 틀린 걸 바로잡겠다고 N을 쓰면 오히려 사람들은 혼란스러워할 거예요.

"아저씨, 쌀 100N 주세요."

"네? 뭐시라고요?"

"… 아니에요. 그냥 쌀 10kg 주세요…"

우리 대부분은 평생 지구를 벗어날 일이 없어요. 지구에서는 모두가 같은 중력을 받고 있고요. 어차피 질량이 큰 물체는 무게도 많이 나가거든요.

중력이란 무엇일까?

1666년, 아이작 뉴턴은 23살이었어요. 영국 전역에 전염병이 돌자, 뉴턴이 다니던 케임브리지 대학도 휴교령을 내렸지요. 고향으로 내려온 뉴턴은 어느 날, 나무에서 떨어진 사과를 보면서 우주의 법칙을 발견했어요.

"세상 모든 만물은 자석처럼 서로 끌어당기는구나."

이것이 그 유명한 만유인력의 법칙이에요. 다른 말로 중력의 법칙이라고도 한답니다.

그런데 이상하지 않나요? 모든 물체가 서로를 끌어당긴다면, 사람들은 왜 서로 찰싹 들러붙지 않을까요? 그리고 왜 사과만 땅에 떨어질까요? 서로 끌어당긴다면 지구도 사과 쪽으로 끌려가야 하지 않나요?

중력은 줄다리기와 비슷해요. 서로 상대방을 잡아당기지만, 결국 힘이 더 센 쪽으로 끌려가고 말잖아요? 중력도 질량이 큰 물체일수록 강한 힘을 발휘해요. 사과 한 알은 지구라는 행성과 비교하면 먼지 수준으로 가벼운 존재예요. 마치 씨름 선수(지구)와 유치원생(사과)이 줄다리기하는 것과 다름없어요. 그래서 지구는 가만히 있고 사과가 지구에 끌려가는 것처럼 보이는 거예요.

사람들끼리도 끌어당기는 중력이 작용해요. 하지만 그 힘은 지구가 가진 중력에 비하면 아주 보잘것없는 수준이라서 우리는 느끼지 못하는 거예요.

그런데 말이에요. 만일 지구에 중력이 없다면 어떻게 될까요? 중력이 없으면 비행기가 추락하는 사고는 일어나지 않을 거예요. 높은 곳에서 떨어져 다치거나 죽는 사람도 없고, 손에서 놓친 유리컵이나 휴대폰이 바닥에 떨어져 깨지거나 부서지는 일도 없겠지요. 또 우리 몸은 깃털처럼 가벼워져서 점프 한 번으로도 건물을 뛰어넘을 수 있어요. 영화 〈어벤져스〉에 나오는 슈퍼히어로들처럼 말이에요. 그렇다면 중력이 없는 것도 괜찮지 않을까요?

그렇지 않아요. 중력이 없으면 우리는 단 몇 분도 버티지 못해요. 우선 숨을 쉬지 못해요. 지구에 생명체가 존재하는 것은 지구의 중력이 공기를 끌어당기고 있기 때문이에요. 그래서 중력이 없어지면 산소가 우주 밖으로 휭! 하고 날아가 버려 모든 생명체는 단 몇 분 내로 질식사하고 말아요. 공기뿐만이 아니에요. 사람과 동물, 건물, 나무 등도 아득한 우주 공간으로 튕겨 날아가 버려요. 우리가 어제와 다름없는 일상을 맞이할 수 있는 것은 중력 덕분이에요.

부력이란 무엇일까?

일요일이라 그런지 수영장에는 사람들이 많았어요. 재형이도 풍덩 물속으로 뛰어들었어요. 신나게 수영하는데, 문득 또 궁금한 게 생겼어요.

"이상하단 말이야…"

"얘야, 수영하다 말고 무슨 생각을 그렇게 하니?"

어떤 아저씨가 재형이에게 말했어요. 아까 탈의실에서 본 대학교수님이었어요. 물리학을 가르친다고 했으니, 이분에게 물어보면 되겠네요.

"아저씨, 지구에 있는 모든 물체는 중력의 법칙을 따르는 거죠?"

"오호, 어린 친구가 중력을 꽤 잘 알고 있네. 맞다, 나무에서 나뭇잎이 떨어지는 것도, 비와 눈이 내리는 것도, 고드름이 아래로 맺히는 것까지 모두 지구가 물체를 끌어당기는 중력 때문이란다."

"그런데 왜 사람은 물에 떠요? 중력의 법칙에 따르면 사람도 수영장 바닥에 가라앉아야 하는 거 아니에요?"

아저씨는 하하하 웃었어요.

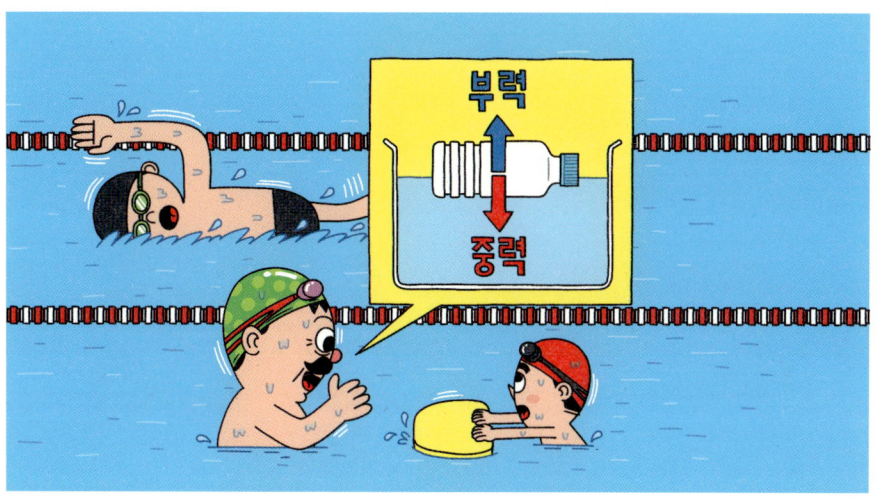

"넌 관찰력이 좋구나. 그런데 꼬마야, 물리학에는 중력이란 힘만 있는 게 아니란다. 사람이 물에 뜨는 건 부력 때문이야."

"부력이 뭐예요?"

"부력은 물체가 물이나 공기 중에서 뜰 수 있게 해 주는 힘이야. 그러니까 중력과 정반대 방향으로 작용하는 힘이지. 하지만 부력이 있다고 해서 모든 물체가 물에 뜨는 건 아니야. 나무나 플라스틱은 물에 잘 뜨지만, 돌과 쇠는 부력이 있어도 가라앉지. 그 이유가 뭐라고 생각하니?"

"그거야, 돌과 쇠가 무거워서 그런 거 아니에요?"

"무게 때문이라…. 하하, 정말 그럴까?"

아저씨는 가볍게 웃고는 동전을 물 위에 떨어뜨렸어요. 동전은 순식간에 수영장 바닥에 가라앉았어요.

"어때? 이 금속 동전은 무척 가벼워도 이렇게 가라앉지 않니? 하지만 동전보다 수천 배 무거운 통나무는 물에 둥둥 떠. 이래도 물에 가라앉는 이유가 무게 때문이라고 생각하니?"

"음…."

재형이는 갑자기 꿀 먹은 벙어리가 되었어요. 아저씨 말대로 참 이상한 일이네요. 왜 가벼운 동전은 물에 가라앉고 무거운 통나무는 둥둥 잘 뜨는 걸까요? 무게와 부력은 아무 관계가 없는 걸까요?

"너, 인구 밀도라고 들어 봤니?"

"수업 시간에 배웠어요. 같은 면적 안에 사는 사람들의 숫자잖아요."

"그래, 맞아. 사람들이 모여 사는 도시는 인구 밀도가 높고, 집이 띄엄띄엄 있는 시골은 인구 밀도가 낮지. 금속과 돌은 내부의 분자 구조가 엄청

촘촘해. 인구 밀도로 비유하면 대도시라고 할 수 있어. 밀도가 높은 물체는 위로 띄우는 부력보다 밑으로 끌어당기는 중력을 강하게 받지. 그래서 금속과 돌은 가라앉는 거야. 반면 플라스틱이나 나무는 내부의 분자 구조가 듬성듬성해. 이런 물체는 중력보다 부력을 강하게 받아서 물에 뜨는 거야."

"아하, 그렇구나."

"저기를 보렴."

아저씨는 맞은편에서 수영하는 사람들을 가리켰어요. 아주머니와 아저씨가 누워서 배영을 하고 있었어요. 아주머니는 물에 잘 떠 있는 반면, 아저씨는 침몰 중인 배처럼 다리가 많이 가라앉아 있었어요.

"아주머니는 물에 잘 뜨고, 아저씨는 오히려 몸이 많이 가라앉아 있어. 왜 그런지 아니? 대체로 여자는 남자보다 몸에 지방이 많아. 지방은 밀도가 낮은 기름 성분이야. 또 남자는 여자보다 근육이 많지. 근육은 밀도가 높아 부력이 작게 작용한단다. 그래서 몸이 잘 가라앉는 거야."

이제 알겠어요. 부력의 핵심은 무게가 아니라 밀도였어요!

잠수함은 어떻게 물속에 가라앉을까?

기름을 싣는 유조선, 전투 기능을 갖춘 군함, 사람들을 실어 나르는 여객선 등 현대의 선박은 쇠로 만들어요. 그런데 신기하지 않나요? 쇠는 밀도가 높은 물질이에요. 그래서 부력보다 중력이 더 크게 작용해서 물에 가라앉고 말아요. 그런데도 쇠로 만든 배가 어떻게 물에 유유히 떠 있을 수 있을까요?

그 비밀은 선박 내부에 있어요. 선박의 내부에는 공기만 차 있는 빈 공간이 많아요. 공기는 밀도가 매우 낮지요. 그래서 선박의 전체 밀도가 낮아져서 배가 뜨는 거랍니다.

물속을 항해하다가 수면 위로 떠오르는 잠수함도 이 원리를 이용해요. 잠수함에는 밸러스트 탱크(ballast tank)라는 공간이 있어요. 잠수할 때는 이 탱크에 물을 채워요. 그럼 밀도가 높아진 잠수함이 뽀그르르 가라앉아요. 다시 떠오를 때는 탱크 안의 물을 버리고 대신 공기를 채워 넣어요. 그럼 밀도가 낮아진 잠수함이 두둥실 떠오른답니다.

그것도 알고 싶다

심해어의 놀라운 생존 비결

잠수 전문가인 스쿠버 다이버들도 수심 30m 이상은 쉽게 들어가지 못해요. 산소 부족과 높은 수압을 견딜 수 없기 때문이에요. 특히 물의 압력인 수압은 수심이 깊어질수록 높아져요. 지구에서 가장 깊은 바다는 태평양에 있는 마리아나 해구인데 깊이가 11,034m예요. 지구에서 가장 높은 산인 에베레스트산을 거꾸로 집어넣어도 2,000m 이상이 남아요. 이 정도 깊이라면 사람은 말할 것도 없고 쇳덩어리도 수압에 의해 알루미늄 포일처럼 구겨지고 말 거예요.

그런데 이런 극악의 환경에서도 태연하게 헤엄치며 살아가는 물고기들이 있어요. 심해어예요. 심해어의 몸은 보통 물고기와 달라서 심해의 무지막지한 수압을 견딜 수 있어요. 예를 들어 수심 300m에서 1,000m 사이의 바다에서 사는 공작오징어의 몸속에는 물과 기름이 들어 있어요. 이렇게 하면 바깥에서 누르는 수압과 몸 안의 압력이 균형을 이뤄 수압을 견딜 수 있어요. 또 수심 2,700m에서 서식하는 빗해파리와 풍선장어는 몸체가 흐물흐물해서 수압을 이겨 낼 수 있어요. 왜일까요? 단단한 몸은 외부 충격에 잘 부서지지만, 젤리처럼 부드러운 몸은 오히려 충격을 흡수해 버리거든요.

생활 속 물리 실험

귤껍질 구명조끼

수영 강습을 받아 본 친구들이 있나요? 수영 강사들은 고무로 만든 검은색 옷을 즐겨 입어요. 이 고무 옷은 장시간 물에서 일하는 수영 강사의 체온 손실을 막아 줘요. 또 고무는 밀도가 낮아서 물에 잘 뜨는 성질이 있어요. 말하자면 구명조끼 역할을 하는 거예요. 새콤한 귤과 오렌지도 구명조끼를 입고 있다는 사실, 알고 있나요?

준비물 입구가 큰 유리컵, 물, 귤(오렌지)

실험 과정

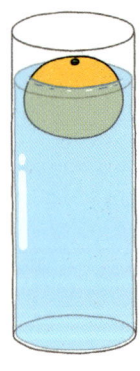

① 컵에 물을 가득 채우고 귤을 넣어요. 귤이 두둥실 떠올라요.

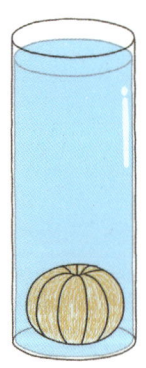

② 이번에는 귤의 껍질을 홀라당 벗긴 다음 컵에 넣어요. 귤이 가라앉아요.

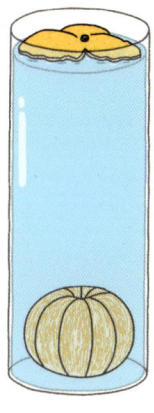

③ 벗겨 낸 껍질을 컵에 넣으면, 껍질이 둥둥 떠올라요.

신기한 실험 결과 알아보기

귤껍질에는 공기가 많이 들어 있어요. 가벼운 공기 때문에 귤의 전체 밀도가 낮아져서 귤이 물에 뜨는 거예요. 말하자면 귤 알맹이는 든든한 구명조끼를 껴입고 있는 거예요. 그래서 이 껍질을 벗겨 내면 귤은 돌멩이처럼 바닥에 가라앉는 거랍니다.

7장

즐거운 저녁 식사

열과 전도

쇠 그릇은 왜 사기그릇보다 뜨거울까?

엄마는 갓 지은 따끈따끈한 밥을 그릇에 담았어요. 재형이와 엄마는 사기그릇에 담긴 밥을 좋아하는데 아빠는 쇠 그릇에 담긴 밥을 좋아해요. 재형이는 식사 준비로 바쁜 엄마를 돕고 싶어서 밥그릇을 식탁으로 날랐어요.

"앗, 뜨거!"

쇠 그릇을 나르던 재형이는 너무 뜨거워 하마터면 놓칠 뻔했어요. 그러고 보니 이상한 일이었어요. 똑같은 밥을 담아도 사기그릇은 이렇게 뜨겁지 않았어요. 왜 쇠 그릇에 밥을 담으면 유난히 뜨거운 걸까요?

온도가 다른 두 물체가 만났을 때 열이 이동하는 것을 전도라고 불러요. 열이 이동하는 형태는 전도 외에도 두 가지가 더 있어요. 하나는 공기를 통해 이동하는 대류이고, 다른 하나는 공기 없이 열이 직접 전달되는 복사예요. 여기서는 전도에 대해서만 알아보도록 해요.

세상의 모든 물질은 원자라는 작은 입자로 이뤄져 있어요. 쉽게 말해, 물질이 벽돌집이라면 원자는 벽돌인 셈이에요. 원자는 가운데 핵이 있고

그 주변을 전자가 인공위성처럼 빠르게 회전하는 구조예요. 그런데 전자 중에는 원자로부터 해방되어 자유롭게 돌아다니는 녀석들이 있어요. 이 자유로운 영혼을 가진 전자를 자유 전자라고 부른답니다.

　이 자유 전자가 열을 전달하는 데 쏠쏠한 역할을 해요. 재형이는 뜨거운 밥그릇을 손으로 잡았어요. 열은 항상 높은 곳에서 낮은 곳으로 움직여요. 그럼 뜨거운 밥그릇에서 손으로 열이 이동하겠죠? 쇠 그릇에는 무수히 많은 자유 전자가 있어요. 쇠 그릇 안의 전자들은 열을 받으면 활발하게 움직여요. 그 움직임이 도미노처럼 다른 전자들에게 퍼져 나가서 우리는 뜨겁다고 느껴요.

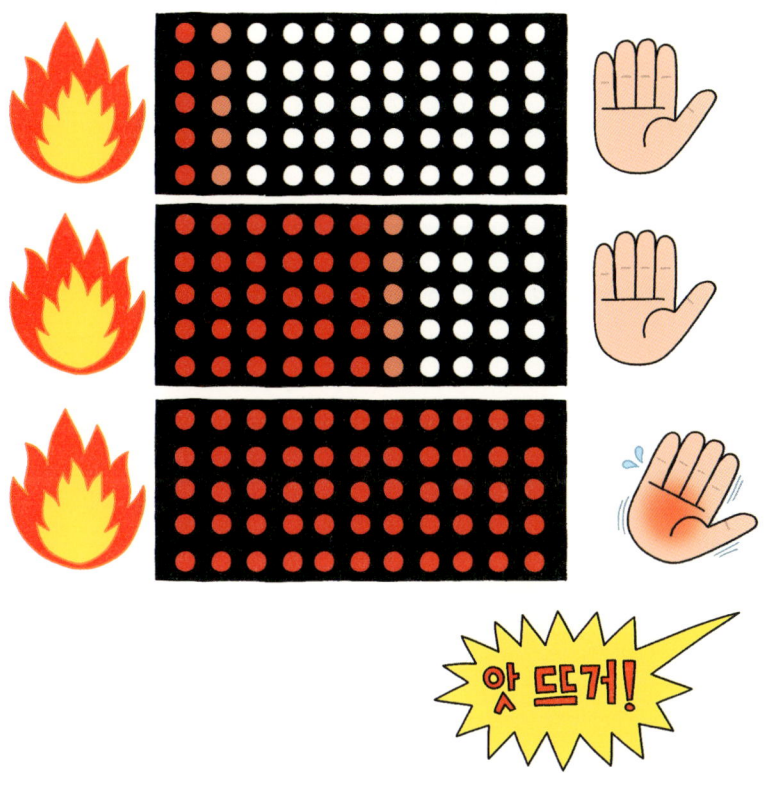

그렇다면 사기그릇은 왜 덜 뜨거울까요? 그것은 사기그릇에 들어 있는 자유 전자 수가 쇠 그릇보다 적기 때문이에요. 냄비와 주전자에 달린 손잡이는 플라스틱으로 된 경우가 많아요. 플라스틱은 자유 전자가 적어서 열을 전도하는 능력이 낮기 때문이에요. 이렇게 열이 전도되는 정도를 수치로 나타낸 것을 열전도율이라 불러요.

구리와 철, 금, 은과 같은 금속은 내부에 돌아다니는 자유 전자들이 득실거려서 열전도율이 높아요. 반면 나무, 플라스틱, 유리는 자유 전자가 거의 없어서 열전도율이 낮아요.

재미있는 사실은 열전도율이 높은 물질은 전기도 잘 통한다는 사실이에요. 왜냐하면 전기는 전자의 이동인데, 이 전자가 바로 자유 전자이기 때문이에요. 그래서 대부분의 전기선은 전도율이 높은 구리로 만들어요. 감전을 예방하기 위해 겉면은 고무나 플라스틱으로 감싼답니다.

미지근한 주스를 시원하게 만드는 얼음의 마법

"밥도 먹었겠다, 입가심으로 주스라도 마실까?"

아빠가 말했어요. 엄마가 유리컵에 오렌지주스를 담아 왔어요.

"엄마, 주스가 하나도 안 시원해요!"

"그럼 얼음을 줄게."

엄마가 얼음을 유리컵에 넣자 주스가 조금은 시원해졌어요. 좀 더 시간이 흐르자 주스는 얼음처럼 차가워졌어요.

"역시 주스는 차가워야 제맛이지!"

"재형아, 미지근한 주스에 얼음을 넣으면 왜 차가워지는지 아니?"

"아빠도 참, 제가 모를까 봐서요? 얼음의 찬기가 주스에 전달되어서 그런

거잖아요."

"그러니까, 네 말은 얼음의 차가운 기운이 미지근한 주스로 이동했다는 거지?"

"네."

"사실은 반대야. 주스의 열이 얼음으로 이동한 거야."

"에? 정말요?"

아빠는 웃으면서 설명을 시작했어요.

열은 마음씨 착한 부자와 같대요. 이 부자는 자신보다 돈이 없는 사람을 보면 그냥 지나치지 못하고, 주머니나 지갑을 털어 돈을 나눠 줘야 직성이 풀려요. 상대방과 자신의 가진 돈이 같아질 때까지 나눠 주죠. 열도 그래요. 온기를 아낌없이 나눠 주거든요. 물리학적으로 열은 항상 높은 곳에서 낮은 곳으로 이동해요. 마치 물이 높은 곳에서 낮은 곳으로 흐르는 것처럼 말이에요. 그래서 자신보다 낮은 열을 가진 물체를 만나면 '아유, 불쌍해

라. 쟤는 얼마나 추울까!' 하며 자신의 열을 기꺼이 나눠 준대요. 그러다 두 물체의 열이 똑같아지면 열은 그제야 이동을 멈추는 거였어요.

"헤에~"

재형이는 입을 떡 벌렸어요. 방금 아빠가 한 말은 자신이 지금까지 생각한 것과는 완전히 반대의 내용이었으니까요.

"미지근한 주스가 품은 열은 얼음보다 높지. 그래서 주스로부터 얼음으로 열이 이동해. 열이 이동한다는 게 무슨 말이겠니? 그만큼의 열이 빠져나간다는 뜻이겠지? 열을 잃은 주스는 그만큼 차가워지고 새롭게 열을 얻은 얼음은 녹지. 이런 상태가 계속되면 주스와 얼음의 온도는 결국 같은 상태에 도달해. 이렇게 서로의 온도가 같아지면 열의 이동은 멈춰. 물리학에서는 이것을 열평형 상태라고 부른단다. 추운 겨울날 창문을 열면 실내가 싸늘해지는 이유도 같은 원리야. 우리는 바깥의 냉기가 실내로 이동해 방이 식는다고 생각해 버리지만 사실은 반대야. 실내의 높은 열이 바깥으로 빠져나가서 싸늘해지는 것이지."

그것도 알고 싶다

이글루는 왜 따뜻할까?

미국의 알래스카주와 같은 추운 지방에 거주하는 에스키모는 눈으로 만든 얼음 집, 이글루에서 살아요. '저런 냉장고 같은 곳에서 추워서 어찌 살지?'라고 생각하겠지만 의외로 실내는 안락하답니다. 실내 온도는 보통 영상 5℃ 정도인데, 불을 피우면 20℃까지 올라가요. 겨울철 알래스카주의 최저 온도가 무려 영하 50℃라는 것을 생각하면, 훈훈하다고까지 말할 수 있을 정도예요.

이글루 난방의 핵심은 공기예요. 눈에는 많은 공기가 들어 있어요. 이 공기층이 이글루 내부의 열기가 밖으로 빠져나가는 것을 막아 줘요. 열을 차단하는 물질, 이것을 우리는 단열재라고 불러요.

오늘날 주택과 아파트 그리고 건물의 벽과 천장에는 빠짐없이 단열재가 들어 있어요. 겨울에는 실내 온도가 실외 온도보다 높아요. 열은 높은 곳에서 낮은 곳으로 이동한다고 했잖아요? 단열재가 외부로 빠져나가려는 실내 열을 막아 주기 때문에 우리는 열 손실을 막아 난방비를 절약할 수 있어요.

또 요즘 주택은 창문을 두 겹으로 만드는데, 이것을 이중창이라고 해요. 이중창은 바깥의 소음을 차단해 주기도 하고, 창문 사이에 공기층을 형성해 단열재 역할을 한답니다. 공기는 최고의 단열재예요.

생활 속 물리 실험

간이 온도계

온도계는 어떤 물체의 차갑고 뜨거운 정도를 숫자로 표시한 물건이에요. 온도계에는 여러 종류가 있는데, 가장 흔하고 그래서 우리에게 익숙한 온도계는 액체를 사용한 온도계예요. 우리도 이런 온도계를 만들 수 있답니다.

준비물 투명한 컵 2개, 투약병, 찰흙, 빨대, 종이, 색소(물감)

실험 과정

① 투약병에 물을 절반 채우고 색소를 넣어요.

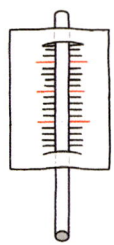

② 종이에 온도계 눈금을 그리고 빨대를 끼워요.

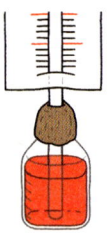

③ 빨대 끝을 투약병에 넣고 찰흙으로 빨대와 병을 단단히 고정시켜요.

④ 컵에 각각 뜨거운 물과 차가운 물을 채워요.

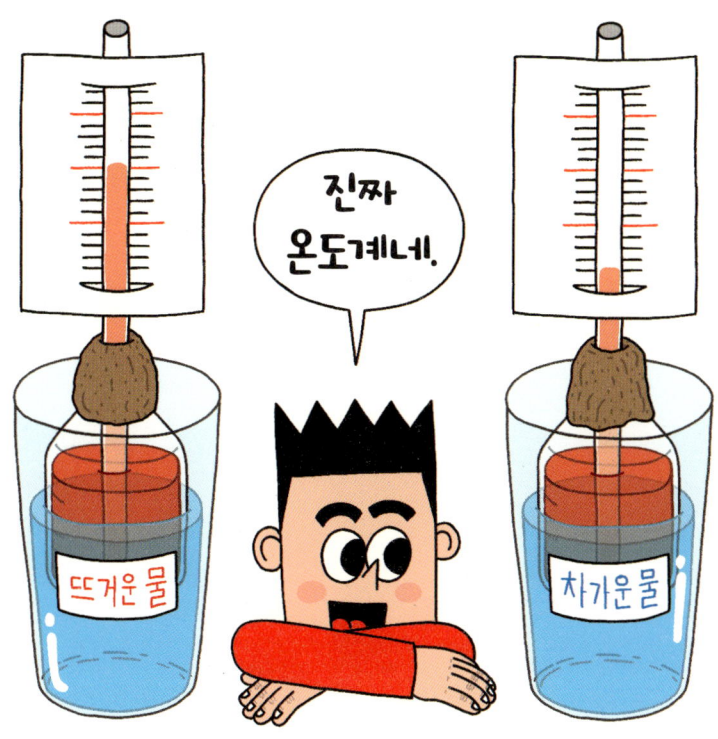

⑤ 간이 온도계를 뜨거운 물이 든 컵에 먼저 넣고, 그다음 차가운 물이 든 컵에 넣어요. 뜨거운 물이 든 컵에 넣으면 빨대의 색소물이 올라가고, 차가운 물이 든 컵에 넣으면 색소물이 내려가요.

신기한 실험 결과 알아보기

액체 온도계는 얇고 길쭉한 유리관에 알코올이나 수은을 넣은 것이에요. 액체는 온도가 높으면 부피가 팽창하고 온도가 내려가면 반대로 부피가 수축해요. 공기와 같은 기체도 마찬가지예요. 간이 온도계를 뜨거운 물이 든 컵에 넣으면 투약병에 든 액체와 공기의 부피가 동시에 팽창해서 색소물이 위로 올라가요. 반대로 차가운 물이 든 컵에 온도계를 넣으면 액체와 공기의 부피가 수축해서 색소물이 내려가는 것이랍니다.

8장

또! 또! 또! 층간 소음

소리와 음파

층간 소음은 왜 발생할까?

"또 시작이구먼."

소파에 앉아 티브이를 보던 아빠가 천장을 힐끔 올려다봤어요. 일요일 이 시간이 되면 위층에서 음악 소리가 들려요. 피아노 소리, 피아노 반주에 맞춰 부르는 어른 남자와 여자 그리고 아이들 노랫소리까지.

"더는 못 참아. 오늘은 꼭 한마디 해야겠네!"

엄마가 주먹을 불끈 쥐고 일어났어요. 위층에 가서 단단히 따지려는 모양이에요. 그나저나 윗집 아저씨, 엄청 무섭게 생겼던데…. 아무튼 엄마, 화이팅! 재형이와 아빠는 엄마를 마음속으로나마 응원했어요.

잠시 후, 엄마는 고개를 갸웃거리며 돌아왔어요.

"왜요, 엄마?"

"위층 집에 가봤는데, 자기들이 낸 소리가 아니래. 그 사람들도 음악 소리 때문에 미치겠대."

"에이, 그 사람들 괜히 미안하니까 거짓말하는 거 아냐?"

아빠가 물었어요.

"그건 아닌 거 같아. 내가 직접 집 안을 둘러봤는데 분명히 피아노는 없었어."

재형이와 아빠는 말없이 서로 쳐다봤어요. 이상하네요. 분명히 위층에서 들린 소리였는데, 이게 어떻게 된 거죠?

피아노 소리, 북소리, 자동차가 달리는 소리, 가수가 부르는 노랫소리. 세상에는 너무도 다양한 소리가 있어요. 종류는 달라도 물리학적으로 소리가 발생하는 원리는 하나예요. 떨림, 다른 말로 진동이에요.

소리는 와이파이나 물결처럼 퍼져 나가요. 이런 현상을 물리학에서는 파장이라고 부르는데, 소리의 파장을 음파라고 불러요. 그런데 음파는 스스로의 힘으로는 사람에게 전달되지 않아요. 이 진동을 운반해 줄 운송 수단이 필요해요. 이 운송 수단을 매질이라 불러요. 소리를 운반해 주는 매질은 공기와 물 등이 있어요.

종을 딸랑딸랑 울리면 종의 진동은 공기의 도움을 받아 사방으로 퍼져 나가요. 공기 속에는 질소와 산소 같은 기체 분자가 촘촘하게 들어 있는데, 이 분자들이 덩달아 진동하기 때문이에요. 마치 맨 뒷줄의 학생이 앞자리에 앉은 학생의 어깨를 툭 치면서 '앞으로 전달'이라고 말하면 마지막에 메시지가 선생님께 전달되는 것과 같아요.

공기에 실려 날아온 음파는 우리 귓속으로 들어와요. 귀에는 고막이라는 아주 얇은 막이 있어요. 음파와 접촉한 고막도 진동하고, 그 진동이 뇌세포에 전달되면서 우리는 '이건 종소리군!' 하고 느끼는 거예요.

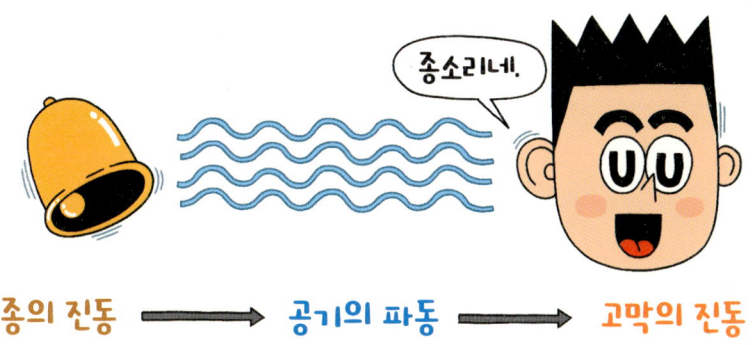

소리는 1초에 약 340m를 이동한다고 해요. 그런데 이것은 공기와 같은 기체를 통과할 때의 속도예요. 물과 같은 액체에서는 공기보다 4배 이상 빨리 전달돼요. 그래서 낚시터에서는 물고기가 놀라지 않도록 조용히 해야 해요. 그런데 액체보다 더 빨리 소리를 전달하는 물질이 있어요. 바로 고체예요. 현미경으로 금속을 들여다보면 분자들이 아주 촘촘하게 이루어져 있어요. 산동네에 다닥다닥 붙은 집들처럼 말이에요. 액체의 분자 구조는 고체보다는 밀집도가 낮고, 기체의 분자 구조가 가장 듬성듬성해요.

소리는 진동이 퍼져 나가는 현상이라고 했잖아요? 분자가 다닥다닥 붙은 물질일수록 빨리 퍼져 나가요. 연쇄적으로 쓰러지는 도미노처럼 말이에요.

예를 들어, 시멘트를 모래와 섞어 굳힌 콘크리트는 소리를 전달하는 속도가 3,100㎧예요. 1초만에 3,100m나 간다는 뜻이에요. 철은 5,300㎧로, 그보다 더 빨라요. 공기의 15배 이상이지요. 그런데 아파트와 같은 공동 주택을 지을 땐 콘크리트 안에 철근을 넣어요. 그래서 소리가 순식간에 다른 집으로 번져 나가는 거예요. 우리 집에서 발생한 소리가 아파트 10개 층을

	물질(매질)	음속(m/s)
기체	공기(0℃)	331.5
	헬륨(0℃)	970
	수소(0℃)	1269
	질소(0℃)	1500
액체	물	1500
고체	콘크리트	3100
	철	5300
	석고보드	1500
	유리벽	28
	합판	3100
	코르크	500

(출처: 임만택, 《건축환경학》, 보문당, 2010)

통과하는 데 0.01초밖에 걸리지 않아요.

이것이 층간 소음의 이유예요. 윗집에서 들리는 것 같은 소음의 진짜 발생지가 윗집의 윗집이거나 옆집 혹은 아랫집일 수도 있어요. 이럴 때는 고무처럼 소리가 잘 전달되지 않는 물질을 바닥에 깔면 층간 소음을 어느 정도 줄일 수 있어요.

그래서 우주 공간에서는 소리가 들리지 않아요. 음파를 전달해 주는 공기와 물이 없거든요. 2009년 2월 10일 새벽, 미국 통신 위성 이라듐 33호와 러시아 통신 위성 코스모스 2251호가 우주 공간에서 충돌했어요. 통신 위성은 총알의 20배가 넘는 초속 8㎞로 움직여요. 지구에서 이런 속도로 움직이는 물체끼리 부딪쳤다면 분명 폭탄 터지는 소리가 났겠지만 위성이 충돌했을 때 우주는 고요했어요.

여자는 왜 남자보다 고음을 잘 낼까?

"엄마, 저 목이 좀 아파요."

"어머, 그러니? 에구, 재형이 목감기구나."

엄마가 얼른 감기약을 가져왔어요.

"그게…. 감기는 아닌 거 같아요. 그냥 요즘 계속 목이 따끔따끔해요. 목소리도 좀 이상하고요."

가만히 지켜보던 아빠가 빙긋이 웃었어요.

"너, 변성기야."

"변성기가 뭐예요?"

"변성기란, 성장기에 목소리가 변하는 시기를

말해."

아빠가 재형이의 손을 잡았어요. 그리고 손을 재형이의 목에 살짝 갖다 댔어요.

"여기 뼈처럼 툭 튀어나온 부분 있지? 이것을 후두라고 불러. 남자는 변성기가 되면 후두가 굵어져. 그래서 목소리가 변하는 거야."

"목소리가 어떻게 변해요?"

"천천히 도레미파 하고 불러 봐."

"도~ 레~ 미~ 파~ 어? 아빠, 목이 바르르 떨려요!"

"후두 안에 들어 있는 성대가 울리기 때문이야. 성대는 무시무시한 괴물의 눈처럼 생겼단다. 우리가 뭔가를 말하거나 노래를 부르면 이 눈은 닫혔다 열리기를 반복해. 그 과정에서 허파를 빠져나온 공기가 바르르 떨린단다. 이걸 물리학적 용어로 '진동한다'라고 말하고, 1초 동안 발생한 진동 횟수를 진동수라고 부르지. 쉽게 말해서 많이 떨리면 진동수가 높고 적게 떨리면 진동수가 낮은 거야."

"아! 그래서 사람 목소리도 진동인 거네요."

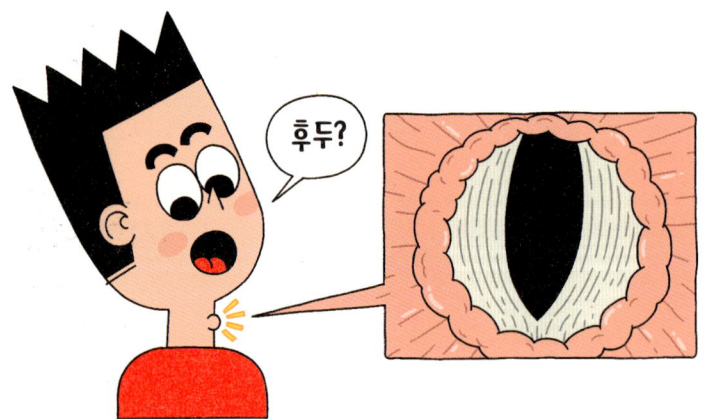

"맞아. 너 유치원 다닐 때는 지금보다 목소리가 훨씬 고음이었어. 장난감 총 사 달라고 떼를 쓰며 우는데, 마치 손톱으로 유리를 긁는 소리가 났어. 그런데 지금은 목소리가 저음으로 변했잖아. 왜 그런 줄 아니? 변성기를 겪으면 성대가 길고 굵어지기 때문이야."

"성대가 굵고 길면 목소리가 낮게 변해요?"

"그럼!"

아빠는 벌떡 일어나더니 통기타를 가져왔어요.

"기타는 6개의 줄로 구성되어 있어. 기타 줄의 번호는 아래부터 시작하는데 맨 아랫줄이 1번이고 맨 윗줄이 6번이야. 그런데 기타 줄의 굵기가 좀 다르지 않니?"

"네, 1번 줄이 가장 얇아요. 그리고 위로 올라갈수록 굵어져요."

"잘 봤다. 그래서 기타 줄은 아래로 갈수록 고음을 내."

아빠는 기타 줄을 튕겨 도, 레, 미, 파, 솔, 라, 시, 도 음을 냈어요. 옥타브를 올려 음이 올라갈수록 기타 줄을 잡은 아빠의 손도 점점 기타 몸체 쪽으로 이동했어요.

"손이 기타 몸체 쪽으로 가까이 간다는 것은 진동하는 줄의 길이가 그만

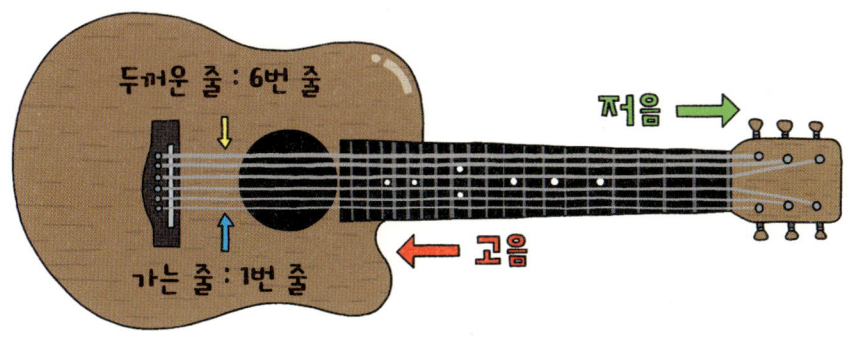

큼 짧아진다는 뜻이야. 이렇게 소리를 내는 물체는 굵고 길수록 저음이, 얇고 짧을수록 고음이 나오는 거야."

"아! 무슨 말인지 알 것 같아요. 음악 시간에 팬 플루트랑 글로켄슈필을 연주하는 법을 배웠어요. 팬 플루트는 관이 길수록 저음이, 관이 짧을수록 고음이 나왔어요. 글로켄슈필도 건반이 길수록 저음이, 짧을수록 고음이 나왔고요. 이것도 같은 원리죠?"

아빠는 기특하다는 듯 재형이의 머리를 쓰다듬었어요.

"역시 똑똑한 내 아들! 이 원리가 성대에도 똑같이 적용된단다. 성대가 굵고 길면 진동하는 횟수가 적어져. 진동하는 횟수가 적을수록 저음이 나온다고 했지? 그런데 남자는 선천적으로 여자보다 성대가 길고 굵어. 대략 남자의 성대 길이는 2cm~2.3cm인데, 여자의 성대는 길이가 1.5~1.8cm야. 그래서 남자 음성에는 중후한 저음이 많고, 여자는 남자보다 목소리가 높지. 가곡이나 오페라를 부르는 성악가의 성별에서도 이런 차이를 확인할 수 있단다. 가장 높은 음을 내는 소프라노는 여자들이, 가장 낮은 음을 내는 베이스는 남자들이 맡고 있거든."

개는 왜 사람보다 귀가 밝을까?

여기 두리가 쿨쿨 자고 있어요. 두리는 재형이네 강아지예요. 이 녀석을 놀래 주려고 살금살금 다가가면 두리는 거짓말처럼 번쩍 눈을 떠요. 고양이도 마찬가지예요. 이 뿐만이 아니에요. 혼자서 잘 놀던 두리가 갑자기 현관문을 향해 꼬리를 흔들며 달려가요. 이윽고 현관문이 열리면 퇴근한 아빠가 들어와요. 이럴 때는 참 신통방통해요. 개는 왜 그렇게 귀가 밝을까요? 어떻게 개는 사람이 듣지 못하는 소리까지 들을 수 있는 것일까요?

소리는 진동이고, 얼마나 진동하느냐에 따라 높은 소리와 낮은 소리로 나뉘어요. 이 진동수를 Hz(헤르츠)라고 부른답니다. Hz는 주파수를 처음 발견한 독일 과학자 하인리히 헤르츠의 이름에서 따온 말이에요.

사람의 귀는 모든 Hz의 소리를 다 들을 순 없어요. 대략 20~20,000Hz 사이의 소리만 들을 수 있어요. 이것을 가청 주파수라고 한답니다. 인간이 들을 수 있는 저음의 한계인 20Hz 이하의 소리를 초저음파, 고음의 한계인 20,000Hz 이상의 소리를 초음파라고 불러요. 그런데 개의 가청 주파수 영역은 사람보다 넓은 67~45,000Hz예요. 그래서 개는 사람이 듣지 못하는 초음파까지 들을 수 있는 거예요.

모기는 왱! 하고 날아다녀요. 모기 입에서 나는 소리가 아니라 날개가 빠르게 진동하는 소리예요. 모기 날개는 1초에 500회 이상 진동해요. 즉 500Hz이므로 인간이 들을 수 있는 소리 범위 안에 들어요. 파리는 그보다

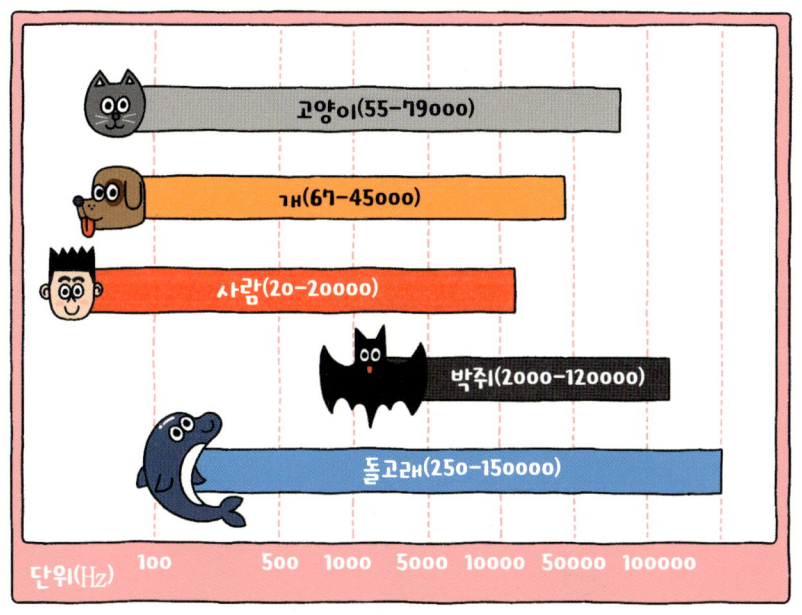

조금 더 낮은 소리를 내요. 파리의 날개 진동수는 200회로, 모기보다 적기 때문이에요. 그렇다면 나비의 날갯짓 소리는 왜 안 들리는 걸까요? 나비의 날개는 1초에 10번 정도 진동해요. 10Hz는 인간의 가청 주파수보다 낮기 때문에 우리 귀에 들리지 않는 거랍니다.

사람이 나이가 들고 청력이 약해지면 높은 주파수의 소리부터 들리지 않게 되어요. 20,000Hz 부근의 소리 말이에요. 예를 들어, 25살 미만의 젊은이들에게 약속 장소로 잘 알려진 건물이 있다고 가정해 볼게요. 그런데 건물 주인은 이 젊은이들이 마음에 들지 않아요. 허구한 날 몰려들어 시끌벅적한 소음을 만들어 내니까요.

이럴 때, 은밀하게 이들을 쫓아내는 방법이 있어요. 건물에 25살 미만의 사람에게만 들리는 소음 발생기를 설치하는 거예요. 귀에 몹시 거슬려서 듣기만 해도 짜증이 나는 소리로요. 하지만 25살 이상의 사람에게는 들리지 않는 주파수예요. 그러면 젊은이들은 더 이상 그 건물 앞으로 모이지 않을 거예요.

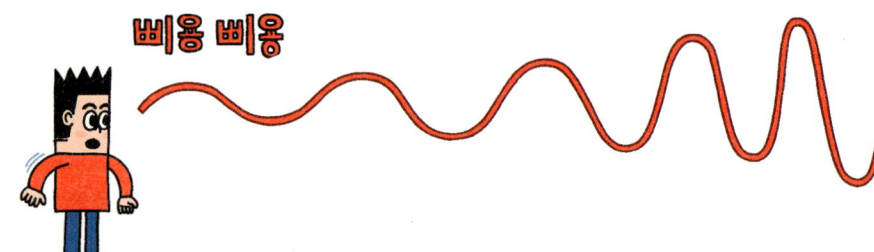

그것도 알고 싶다

사이렌 소리가 갑자기 높은음으로 들리는 이유

길을 걷다가 '삐용! 삐용!' 하는 구급차 사이렌 소리를 들어 본 적이 있나요? 구급차가 내게 다가올 때의 사이렌 소리는 귀를 찢을 듯 높은음인데, 내게서 멀어져 갈 때는 갑자기 낮은음으로 들려요.

'당연한 거 아니에요? 내게서 가까우면 크게 들리고, 멀면 작게 들리는 거잖아요?'라고 생각하는 친구들도 있을 거예요. 이쯤에서 우리는 큰 소리와 높은 소리, 작은 소리와 낮은 소리를 구별할 필요가 있어요. 소리가 크고 작다는 건, 기차 화통을 삶아 먹은 것처럼 큰 소리를 내는 것과 소곤소곤 귓속말할 때 작은 목소리를 내는 것의 차이를 말해요. 반면 소리가 높고 낮다는 건 고음과 저음을 뜻해요. '도'와 '솔'처럼 음정의 차이를 말하는 것이지요.

사이렌이 내게 다가올 때는 고음이 되지만, 멀어질 때는 저음으로 들려요. 이것을 도플러 효과라고 해요. 고음은 진동수가 높은 소리이고, 저음은 진동수가 낮은 소리예요. 그런데 구급차처럼 소리를 내는 물체가 움직이면 그 소리를 듣고 있는 사람이 느끼는 진동수에 변화가 생겨요. 구급차와 사람의 거리가 가까워지면 진동수가 높아지고, 거리가 멀어지면 진동수가 낮아져요. 그래서 사이렌이 다가오면 고음으로 들렸다가 멀어지면 저음으로 들리는 거랍니다.

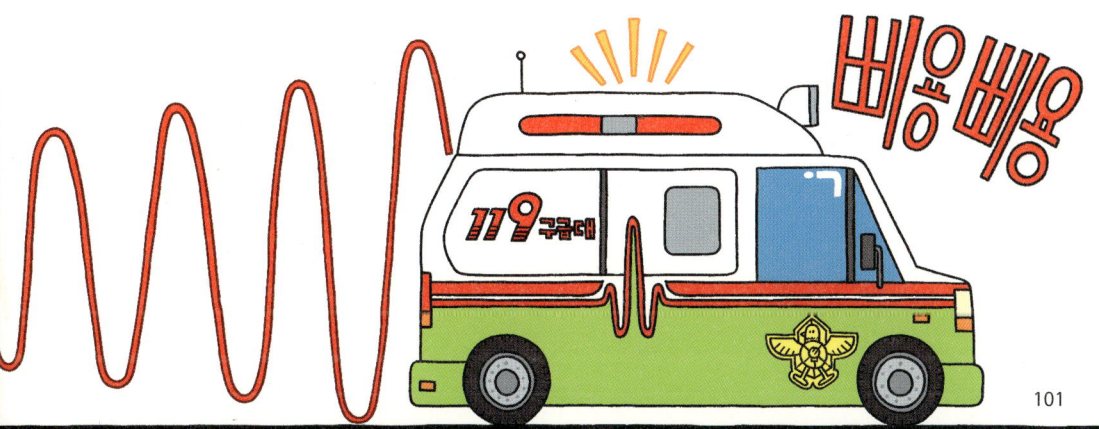

생활 속 물리 실험

종이컵 전화기

종이컵 전화기라고 들어 본 적 있나요? 종이컵을 실로 연결해서 대화를 주고받을 수 있는 전화기예요. 지금부터 만들어 볼까요?

준비물 종이컵 2개, 이쑤시개, 실, 클립 2개

실험 과정

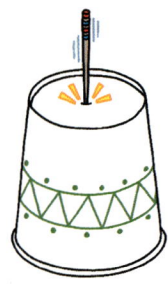

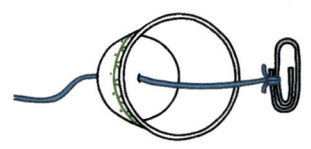

① 이쑤시개로 종이컵 바닥에 구멍을 뚫어요.

② 실을 구멍에 통과시키고, 실 끝에 클립을 묶어요.

③ 나머지 종이컵도 같은 방법으로 만들어요.

④ 종이컵 전화기를 친구와 하나씩 나눠 가져요. 한 사람이 컵 입구에 대고 말을 하면 다른 사람은 컵 입구를 귀에 대세요. 상대방의 목소리가 들릴 거예요.

신기한 실험 결과 알아보기

소리는 공기나 액체, 고체 같은 매질을 통해 상대방에게 전달돼요. 종이컵 전화기의 매질은 실이에요. 원리는 간단해요. 컵에 대고 말을 하면 컵에 진동이 생길 거예요. 그 진동은 컵에 연결된 실에까지 영향을 미쳐서 실도 진동하게 되지요. 실의 진동이 상대방 컵에까지 도달해 우리 귀에 상대방 목소리가 들리게 되는 거랍니다.

참고문헌

정완상, 《과학 공화국 물리법정 1》, 자음과모음, 2004
정완상, 《과학 공화국 물리법정 2》, 자음과모음, 2004
정완상, 《과학 공화국 물리법정 3》, 자음과모음, 2007
정완상, 《과학 공화국 물리법정 4》, 자음과모음, 2007
정완상, 《과학 공화국 물리법정 10》, 자음과모음, 2008
크리스 우드포드, 《나는 물리로 세상을 읽는다》, 반니, 2021
김기태, 《청소년을 위한 유쾌한 물리상식》, 하늘아래, 2015
제임스 카칼리오스, 《소소한 일상의 물리학》, 와이즈베리, 2019
김민우, 원진아, 《한 번만 읽으면 확 잡히는 중등 물리》, 한언출판사, 2021
이기진, 《맛있는 물리》, 홍익출판사, 2010
우리기획, 《HOW? 물리》, 우리두리, 2006
케이트 데이비스, 리자 제인 질리스피 《물리가 뭐야?》 푸른숲주니어, 2010
윤실, 《교실 밖에서 배우는 생활 속의 물리학 상식》, 전파과학사, 2008
사회평론 과학연구소, 《용선생의 시끌벅적 과학교실 2 전기》, 사회평론, 2019
사회평론 과학연구소, 《용선생의 시끌벅적 과학교실 10 힘》, 사회평론, 2019
사회평론 과학연구소, 《용선생의 시끌벅적 과학교실 18 자기》, 사회평론, 2020